JN098042

専門基礎ライブラリー

経済系のための情報活用2

Office 2019 対応

統計データの分析

櫻本　健　[編著]

藤野　裕・小澤康裕・一ノ瀬大輔・安藤道人・田浦　元・倉田知秋　[著]

実教出版

まえがき

　本書は，『経済系のための情報処理』（菊地他著，2010 年），『経済系のための情報活用 2』（菊地他著，2015 年）の後継書籍である。編者が所属する大学では 1990 年代の後半からいわば必修に近い科目で，Excel ベースの情報教育を始めることとし，そのテキストとして 2 冊の書籍をセット方式で組み合わせることにした。本書は，『経済系のための情報活用 1』（櫻本・倉田他著，2019 年）を基礎編とすると，その応用編となる。そして，これまで同様，意味のある課題に取り組んだ時に情報リテラシーの吸収力が伸びるというコンセプトは引き継いでいる。

　2020 年現在，新型コロナウイルス感染症の影響で実際には困難なことが多く生じているが，2021 年度から順次実施される予定の中学校・高等学校の新学習指導要領によると，数年かけて中学校の数学に統計学が盛り込まれ，高等学校の地理は「地理総合」，日本史・世界史は「歴史総合」に変更される。数学の統計学は一層高度になり，推測統計学が全面的に導入される。また情報教育もそれぞれ強化され，プログラミング教育も進められる。

　そうした状況で，今回，本書はプログラミング教育をカバーすることを見送り，Office 系ソフトに特化した教育に内容を絞った。これは，書籍化前の講義等での検証の結果，プログラミング（R や Python など）の演習は難易度が高いため，オンライン授業ではテキストを利用できないケースがあり得るということが判明したからである。Office 系ソフトに特化したことで，オンライン教育でも多くの大学で違和感なく，本書を採用していただけると考える。

■本書で扱う Office 系ソフトと環境

　本書では Microsoft Corporation の Office 2019（永続ライセンス）での利用を前提としている。しかし，Office は将来的にサブスクリプションモデルである Office 365 へ一本化される可能性があるという報道もみられ，実際 Windows 10 や Office 製品は近年頻繁なアップデートが次々実施されている。そこで，システム面での大きな変更等があれば，必要最小限の範囲で実教出版 Web サイトにおいて対応していくことも想定している。

　なお，本書では Office 2016 及び Office 365 でのほとんどの流れもカバーできると思われるが，システム上の厳密な確認は行っていない。よって，同様に，MacOS の Office，スマホ・タブレット向けの Office Mobile や Google 系その他の OpenOffice の利用は想定していない。

■本書の内容

　本書の目的は，既に情報系の基本的な操作方法を知っている受講者向けに Word，PowerPoint，Excel の基礎を伸ばしつつ，その政策面での応用，つまり，国際機関データベース，GIS，季節調整，産業連関を利用できるようにし，Excel を使った応用的な実証経済分析の教育を施すことにある。旧本では，GIS に関して有料ソフトでの利用が想定されていたため，無料ソフトで平易に高度な分析ができないかといった要望は以前から多く受けていた。今回は，総務省統計局が提供する「jSTAT MAP」を利用することで，その要望に応えている。

　本書は 5 編 14 講から構成され，最初に解説があり，次に演習を行って概ね 70 分程度かかる想定である。授業時間により，解説を丁寧にする，手を止めて時々受講者の状況を確認したり，復習に時間を割いたりするといった利用もあり得る。

　第 1 編は Word と PowerPoint の基礎を向上させることを目的とした演習である。

　第 2 編はマクロのデータを使用して政策に絡めて基本的な Excel による統計分析ができることを

企図した。

第3編は経営・会計分野での実証分析の基礎を学ぶ。

第4編はOECDの国際データベースを用いた分析やGIS, 季節調整といった概念を学ぶ。特に11講は民間企業でも広範囲に利用されるe-StatのGIS機能(jSTAT MAP)の紹介とその基本的な演習である。jSTAT MAPは, 近年ドローンを飛ばす場所の検討や外食産業・コンビニ・自動販売機等の出店分析などに利用される。ここでは一般的なGISソフトのように地理情報や統計情報を収集しなくても簡単にできる分析方法を学ぶ。

第5編は財政・政策分野での応用的な分析方法を学ぶ。代表例としてIMFのデータベースを使った分析, 政府財政統計による集計方法, 経済波及効果分析を扱う。近年はツールを使った分析が一般的となりつつある。統計分析の概念とツールの使い方の両方を分かりやすく学べるようにした。

■本書の活用方法

参考までに編者が所属する大学での活用事例を紹介したい。

PC教室での対面での授業形式を主に想定するが, Zoom, Google Meet, Teamsといった双方向や一方向のオンライン授業, オンデマンドのような授業動画の公開で利用する方法もあり得る。編者が所属する大学では「情報処理入門1」において経済学部1年生が『経済系のための情報活用1』(櫻本・倉田他著, 2019年)で半期学び, 「情報処理入門2」として年度の後半に本書を使う教育が行われている。本書を利用して, 情報処理の基本的スキルを高め, 専門授業でのレポート作成やゼミナールに活かす教育が実践されている。

本書では, 課題によって実教出版Webサイト(http://www.jikkyo.co.jp/download/)でファイルをダウンロードする必要がある。同サイトで「経済系のための情報活用」を検索の上, ご活用いただきたい。また11講では, jSTAT MAPを利用するため, e-Statのアカウントを事前に入手し, ログインできるよう受講者が準備しておく必要がある。これらの情報については, 授業にあたり, 事前に受講者にご案内いただきたい。

なお, 本書は電子書籍の出版も予定している(p. 6参照)。電子書籍はPDF形式の配信となり, Windowsだけでなく, スマホ, タブレット, Macユーザーも利用可能となる。

最後に, 本書は著者に加え, これまでサポートいただいた立教大学経済学部の先生方(特に情報系授業を支えて意見をくださる先生方), ユーザーとして率直な意見をくださる学生諸君に大変お世話になった。とりわけコロナ禍の下で執筆を挫けそうになる著者に対し, 本書の企画を進める上で丁寧で, 常に建設的なサポートをいただいた実教出版永田東子氏には大変お世話になった。お世話になった方々に感謝する。

※参考図書

菊地進・鈴木みゆき・小西純・岩崎俊夫著(2010)『経済系のための情報処理』実教出版

菊地進・小澤康裕・一ノ瀬大輔・小西純・櫻本健・岩崎俊夫著(2015)『経済系のための情報活用2　Office 2013対応』実教出版

櫻本健・倉田知秋・小澤康裕・藤野裕・安藤道人・菊地進著(2019)『経済系のための情報活用1　Office 2019対応』実教出版

2020年7月　　　　櫻本　健

CONTENTS ──────── もくじ

オンライン授業にあたって

　2020年現在，新型コロナウイルス感染症の拡大防止のため，多くの大学でオンライン授業(オンライン双方向，一方向，動画配信)が実施されている。筆者が実際に本書の内容をもとにオンライン授業を実施した際の課題を踏まえ，オンライン授業にあたっての指導者および受講者の注意点と対策について，述べておきたい。オンライン授業はメリットも多いが，対面と比べて双方のやり取りが不足しがちである。ここでの説明は指導者側からの視点とはなるが，受講者もこの状況を理解し，事前に準備をしておくことで，課題解決に役立つ。主に挙げられるのは以下3つの課題である。

① 受講者の状況が不明

　通信回線に負担を掛けない目的からWebカメラをオフにしているケースが多い。特に受講者の状況が見えないことで，授業内容に追いつけない受講者を放置する恐れがある。

② 教員及び受講者の環境の課題

　学習・仕事用の部屋がない，落ち着かない，周囲に騒音があるなどのケースがある。また，教員・受講者側双方で通信回線が不安定であるなど通信環境に問題があるケースもある。

③ 情報端末の課題

　スマートフォンやタブレット，画面が小さいノートPCだと，操作性に支障があり，重い演習内容についてこられないといった問題が出やすい。

　上記課題に対し，次のような対策が考えられる。

　①，②に対しては，なるべくカメラオフで画面共有を行いつつ，授業をレコーディングし，動画配信する授業の際には，演習の手順についてゆっくり2回説明する。動画を分割できると望ましい。また，指導者・受講者ともにできるだけ高速なWiFi機器やLANケーブルに一新するとよい。

　③に対しては，性能の高いデスクトップPCで対処することが最も望ましい。オンライン授業形式は端末のCPU・メモリ・ビデオメモリの能力が必要とされる。PCの冷却が足りない場合は，PC用クーラーを設置するなどの工夫も必要である。

　もちろん，新しい情報端末の購入が難しかったり，すぐには環境を変えられなかったりといったこともあるだろう。その場合はオンライン授業に入る前に，指導者・受講者の間で状況の共有や相談といったことが大切になってくる。コロナ禍が解消しても，オンライン授業はある程度定着することが見込まれる。この機会に課題を把握し，対策を立てておくことが必要であろう。

第 1 編

プレゼンテーション資料の作成

説明文書を作成する
―Word の応用と活用―

レクチャーポイント

❶ 文章の入力や編集を行う機能の理解
❷ 文書の中に図や表を挿入する機能の利用
❸ 説明文書の作成手順の理解

スキルチェック

❶ プリントスクリーンの利用
❷ 表の作成
❸ 図形の作成

1-1 | 説明文書の作成手順

　Word は，教育だけでなく，日常生活や業務においても幅広く応用されている。Word で利用できるさまざまな様式として，日常生活で使うものでは，カレンダー・カタログ・履歴書，業務で利用するものでは，契約文書・写真入りの報告書・パンフレット・レストランのメニューなどがあり，大変幅広い応用が可能である。その分野の専門知識があれば，Word の活用幅も大きく広がる。

　例えば，誰でもお金や物の貸し借りはよく行っている。Word で契約文書を作成し，公正役場で第三者に証明してもらうのもごく簡単にできるにもかかわらず，何の裏付けもなしに物品を貸し借りして，後で返してもらえず後悔したり，我慢したりしている人を多く見かける。これは文書作成技術があっても契約に詳しくない，専門知識の欠如した人が社会に多いのが原因である。

　第1講では，Word の応用例として，人に説明する際に作成する資料作りを実践的に学ぶ。人に説明する際に作成する資料としては，論文・レポートのような専門的なものから，簡単に内容をまとめたレジュメのようなものまでさまざまあるが，ここではそれらの資料をまとめて説明文書と呼ぶ。説明文書はデータをもとに図表と文章から成り立っている。説明文書における文章は，作文のような一般的な文章と異なり，根拠をもとに論理的に人に説得的にまとめられるものを指している。こうした論理の用い方だけでも言語学や哲学といった専門や著作物があり，日本の高等教育課程でもそれぞれの分野ごとに説明文書と実践を学ぶ演習が多く行われている。専門知識や創意工夫の程度で説明文書のできも大きく変わる。

　詳しくは，立教大学の Web サイトで検索ウィンドウに writing と入力し，大学教育開発・支援センターが作成した『Master of Writing』を探し，参照していただきたい。この冊子には論文・レポートの書き方の基本的なルールが載っている。ぜひ活用しよう。

　説明文書は以下①～⑥の手順に従ってまとめるとわかりやすい。特に，①～④までの手順に十分な時間をかけることで，論理が明快でわかりやすい文章を書くことができる。また，一度文章を書き終えたら必ず推敲し，他の人に読んでもらうことを心がけよう。この作業によって文章は格段に読みやすいものになる。

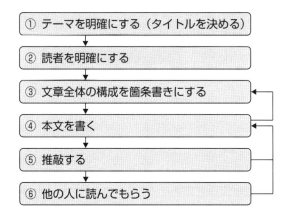

① テーマを明確にする（タイトルを決める）

　文章の中で何を伝えるのかを明確にすることは非常に重要である。また，テーマが決まったらそれにふさわしい文章のタイトルを考えよう。タイトルは曖昧なものより文章の内容を具体的に示すもののほうがよい。例えば以下の2つのタイトルはどちらがより望ましいだろうか？

　　A．二酸化炭素について

　　B．人為的な二酸化炭素の排出が気候変動に与える影響について

　AとBを比べると，Aのタイトルは漠然としていてそれを見るだけでは後に続く文章の内容がよくわからない。それに対し，Bはより具体的でタイトルからある程度ではあるが文章の内容を推測することができるため，読者はスムーズに文章を読み進めることができるだろう。よって，タイトルとしてはBのほうが望ましいことになる。

② 読者を明確にする

　文章を書く場合，どのような読者を想定しているのかを明確にする必要がある。例えば，「人為的な二酸化炭素の排出が気候変動に与える影響」について文章を書く場合，読者がそのテーマに関する専門知識を持っているかどうかで文章の書き方は大きく異なってくる。

③ 文章全体の構成を箇条書きにする

　書く内容がおおむね決まったら，文章全体の構成を箇条書きにしてみよう。そうすることで，論理の矛盾や，タイトルが文章の内容に合っていないことなどに気が付くことができる。このような場合には，再度手順①に戻り，全体の構成を練り直すことが重要である。

④ 本文を書く

　本文を書く際は，常に読者のことを考えて読みやすい文章を書くことを心掛ける。文章を書き慣れていない場合には，一文があまり長くなり過ぎないように注意することも必要である。また，論旨を明確にするため，図や表を効果的に活用するとよい。

⑤ 推敲する

　書き上げた文章には誤字脱字や論理が飛躍してしまっている箇所，読みにくい箇所が必ずある。複数回読み直してこれらを改善するとともに，全体の論理構成がわかりやすいものになっているかを確認する。

⑥ 他の人に文章を読んでもらう

　わかりやすい文章を書いているつもりでも，他の人から見るとわかりづらく感じることは少なくない。自分で推敲するだけでは見えてこない問題点もある。推敲が終わったら第三者に文章を読んでもらい，コメントを参考にさらに修正を加えることで文章はよりわかりやすいものになる。

1–2 | 説明文書作成の実際

課題 1

消費者物価指数に関して，次のような図表入りの説明文書を作成しなさい。

図表 1-1　文章のテーマと構成

タイトル	消費者物価指数を用いた景気判断
読者	情報処理入門受講者
目的	消費者物価指数を用いて景気判断を行う方法を説明する
構成	１．消費者物価指数の定義
	２．データの入手
	３．消費者物価指数の推移
	①　総合指数の推移
	②　生鮮食品を除く総合指数の推移
	４．景気判断

▶消費者物価指数とは

　消費者物価指数とは，消費者が購入する財やサービスの価格等を総合的に測定し，指数化したもので，主に物価の変動を見るために用いられる。英語で消費者物価指数を表すConsumer Price Index の頭文字をとって CPI とも呼ばれる。

　日本において CPI の計算が開始されたのは，第二次世界大戦後の 1946 年 8 月のことである。その後，概ね 5 年ごとの基準改定が実施され，作成系列の拡大，品目数の拡大，品目の改廃が行われてきた。日本の公的な物価指数統計の始まりは，1897 年に 1887 年 1 月を基準とした「東京卸売物価指数」（現在の企業物価指数（Corporate Goods Price Index）の前身である）の作成である。

図表 1-2　総務省統計局の消費者物価指数に関するページ

出所：総務省統計局ホームページ　https://www.stat.go.jp/data/cpi/　アクセス日　2020/3/11

(1) 日付とページ番号の挿入

Word には本文以外の余白部分に情報を入力することのできる「ヘッダーとフッター」の機能がある。本文の上部の余白に情報を入力する際はヘッダーを使い，下部の場合はフッターを使う。ヘッダーやフッターに記入した情報は全てのページに表示される。ヘッダーには文章のタイトルや日付を，フッターにはページ番号などを書き入れるとわかりやすい資料になる。

◆ヘッダーを使って日付を入力する ··

❶ ［挿入］タブ内の［ヘッダーとフッター］グループから［ヘッダー］をクリックし［ヘッダーの編集］を選択する。

❷ ［ヘッダー/フッターツール］が表示されるので，［挿入］グループから ▦（日付と時刻）を選択し，表示された［日付と時刻］ダイアログボックスでカレンダーの種類を「グレゴリオ暦」に設定する。表示形式は「年/月/日」となっているものを選び，［OK］をクリックする。

❸ ［ホーム］タブを選択し，［段落］グループから ▤（右揃え）をクリックする。

❹ Enter を押して改行し，「情報処理入門第 1 講課題」と入力する。

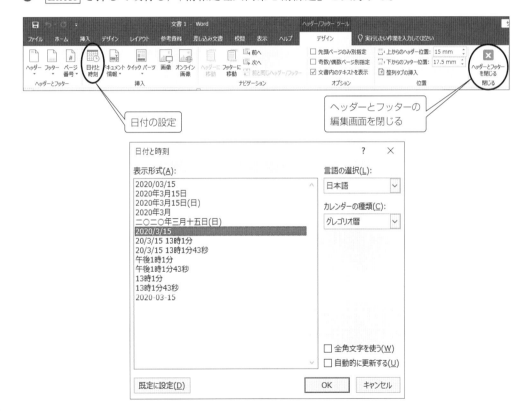

◆フッターを使ってページを入力する ··

［ヘッダー/フッターツール］タブの［ヘッダーとフッター］グループから ▦（ページ番号）をクリックし，［ページの下部］から「番号のみ 2」を選択する。

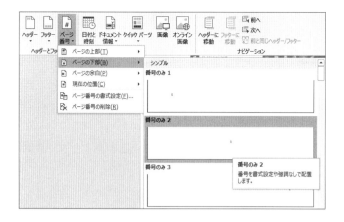

◆ヘッダーとフッターを終了する ‥‥‥‥‥‥‥‥‥‥‥‥‥‥‥‥‥‥‥‥‥‥‥‥‥‥‥‥‥‥‥‥‥‥‥‥

　［ヘッダー/フッターツール］タブの □ （ヘッダーとフッターを閉じる）を選択すると，ヘッ
ダーとフッターの編集を終了し，通常の文章作成画面に戻ることができる。

⑵　表の挿入と編集

◆表の挿入 ‥‥

❶　［挿入］タブ内の［表］グループから □ （表）をクリックし，［表の挿入］を選択する。表
　　示された［表の挿入］ダイアログボックスにおいて，［列数］を“2”，［行数］を“9”に設
　　定し［OK］をクリックする。

❷　図表 1-1 を参考に，表に文章を入力する。

◆表の列幅を調整する ‥‥‥

　表の列を区切る枠線にマウスポイントを近づけるとマウスポイントの形が ╫ のように変化す
る。この状態でドラッグすると列幅を調整することができるので，第 2 列の列幅が広くなるよう
に調整する。

◆セルの結合 ‥‥‥

　表の第 1 列の上から 4 番目から 9 番目のセルをドラッグして色を反転させた状態で右クリック
し，［セルの結合］を選択すると，6 個のセルが 1 つのセルに結合される。

◆表番号と表題の設定 ‥‥‥

　表には，表番号と表題を付ける。ここでは表の上に「図表 1-1　文章のテーマと構成」と入力
する。

◆表の削除 ……………………………………………………………………………………………

　表を削除したい場合には，表の範囲の中にマウスポイントを重ねると表の左上に ✛ が表示されるので，右クリックし，「表の削除」を選択する。

⑶　画像・図形の挿入

◆プリントスクリーン機能を使った画像の挿入 ……………………………………………………

　❶　総務省統計局のトップページの「統計データ」から「分野別一覧」をクリックし，「物価に関する統計」の「消費者物価指数（CPI）」を選択する。

　❷　消費者物価指数のページが開かれたら Prt Sc キーを押すとモニターに表示されている画像をコピーすることができる（使用しているパソコンによっては Fn キーもしくは Alt キーを押しながら Prt Sc キーを押す）。

　❸　Word の画面を開き，コピーした画像を挿入したい場所をクリックし，［ホーム］タブの［クリップボード］グループ内にある ▦（貼り付け）を選択する。

◆画像の調整 …………………………………………………………………………………………

挿入した画像が大き過ぎたり小さ過ぎる場合にはサイズの調整を行う。

　❶　画像の上にマウスポイントを合わせ右クリックし，［レイアウトの詳細設定］を選択する。

　❷　［レイアウト］ダイアログボックスが表示されるので，［倍率］を高さと幅がそれぞれ 42％ になるようにする。［縦横比を固定する］にチェックを入れておくと，高さと幅の比率を固定したままで画像のサイズを調整することができる。

◆図形の挿入 …………………………………………………………………………………………

　先に貼り付けた画像の中で消費者物価指数についての記述がされている場所を強調するために楕円形の枠線で囲む。

　❶　［挿入］タブ内の［図］グループから ⬭ 図形▾（図形）を選択し，［基本図形］の中から"楕円"を選び，図形を挿入したい場所でクリックしながらドラッグすると楕円を描くこと

ができる。

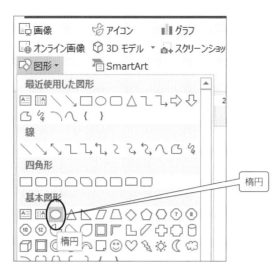

❷ 作成した楕円の中の塗りつぶしをなくし，枠線だけが表示されるようにする。楕円上で右クリックをすると，［描画ツール］のタブが表示されるので，［書式］タブの［図形のスタイル］グループの［図形の塗りつぶし］から "塗りつぶしなし" を選択する。

❸ 枠線の色を赤くするために，［描画ツール］タブ内の［図形スタイル］グループから［図形の枠線］を選択し，「標準の色」から "赤" をチェックする。また，［図形の枠線］から「太さ」を選択し，線の太さを "2.25" に設定する。

(4) 文章の校正

作成した説明文は1ページに収まっていない。消費者物価指数の説明文から最後の2行を削除し1ページに収めたほうが見やすくなる。一人で作成する場合であっても，後々，必要となる文章の可能性もある。また，他人の文章を校正する場合には，もとの文章を残して比較する必要もある。

◆変更履歴の記録を使った文章の校正 ···

❶ ［校閲］タブ内の［変更履歴］のグループから⬚をクリックし［変更履歴の記録］をクリックする。

❷ 消費者物価指数の説明文の最後の1文「日本の公的な物価指数統計の始まりは……の作成である。」をドラッグして反転させる。

❸ Back Space キーもしくは Delete キーを押して文章を削除する。

> ▶消費者物価指数とは↵
> □消費者物価指数とは、消費者が購入する財やサービスの価格等を総合的に測定し、指数化したもので、主に物価の変動を見るために用いられる。英語で消費者物価指数を表すConsumer Price Index の頭文字をとって CPI とも呼ばれる。↵
> □日本において CPI の計算が開始されたのは、第二次世界大戦後の 1946 年 8 月のことである。その後、概ね 5 年ごとの基準改定が実施され、作成系列の拡大、品目数の拡大、品目の改廃が行われてきた。~~日本の公的な物価指数統計の始まりは、1897 年に 1887 年 1 月を基準とした「東京卸売物価指数」（現在の企業物価指数(Corporate Goods Price Index)の前身である）の作成である。~~↵

❹ 文章の変更を反映させるには［校閲］タブ内の［変更箇所］グループから □ をクリックし［この変更を反映させる］をクリックする。

課題 2

図表1-3は税の種類を説明したものである。Wordの図形描画機能を用いて下記の図を作成しなさい。

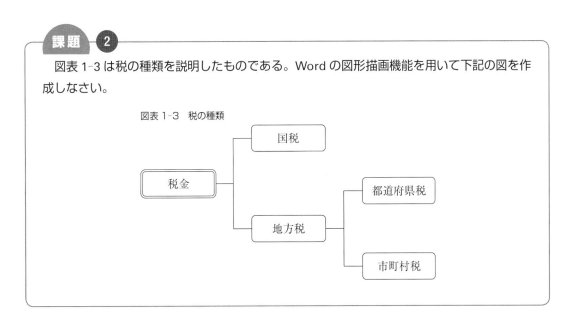

図表1-3　税の種類

操作手順

◆図形の挿入 ....

❶ ［挿入］タブの［図］グループから ▱図形▾ (図形)を選び，"新しい描画キャンバス"を選択する。描画キャンバス内にある図はまとめて移動したり，サイズを変更したりすることができる。

❷ 再び［挿入］タブの［図］グループの ▱図形▾ (図形)に戻り，「四角形」の項目にある"四角形：角を丸くする"を選択し，描画キャンバス内で図形を挿入したい部分をクリックしながらドラッグすると角丸四角形の図形を挿入することができる。

❸ 図をクリックし，「描画ツール」の「書式」タブの［図形のスタイル］グループから"枠線のみ-黒，濃色1"を選択する。

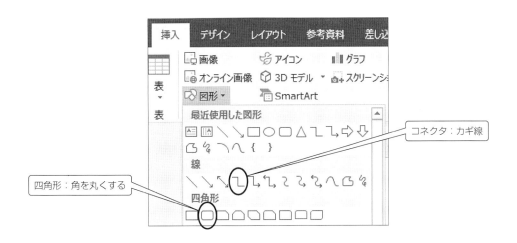

❹　図形を選択した状態で右クリックし，"テキストの追加" を選択する。図形内に文字を入力できるようになるので，「税金」と入力する。

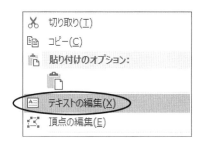

❺　図形を選択した状態で右クリックし，「図形の書式設定」を選択すると，［図形の書式設定］作業ウィンドウが表示されるので，［図形のオプション］から ▦（レイアウトとプロパティ）を選択し，［テキストボックス］で「垂直方向の配置」を "上下中央揃え" にする。

❻　作成した図形をコピーして 4 個貼り付け，それぞれに「国税」「地方税」「都道府県税」「市町村税」と入力し，上記の図表 1-3 のように配置する。

❼　「税金」と入力した図の枠線部分にマウスポイントを合わせながら右クリックし［図形の書式設定］を選ぶ。［図形の書式設定］作業ウィンドウの［図形のオプション］から，◇（塗りつぶしと線）を選択し，「幅」を "3pt"，「一重線／多重線」を "二重線" に設定する。

◆図と図を結び付ける ……………………………………………………………………

［挿入］タブの［図］グループにある ▱図形▾（図形）から，"コネクタ：カギ線" を選択する。この状態でカーソルを図形に近づけると各辺の中央に灰色の点が現れるので，「税金」と入力した図の右側の辺の中央の灰色の点の近くでクリックし，そのままの状態で「国税」と入力した図の左側の辺の中央の灰色にドラッグしてカギ線を近付けると 2 つの図形を連結することができる。図形が連結されると接続した点が緑色で表示される。"コネクタ：カギ線" で連結された図同士は片方の図を動かしても連結が維持されるようになる。同じ要領で他の図同士も "コネクタ：カギ線" で連結する。

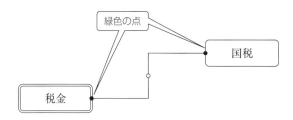

　以下の図表は日本における廃棄物の分類を示したものである。課題で学んだ図表作成の方法を用いてこれと同じものを完成させなさい。

図表 1-4　日本における廃棄物の分類

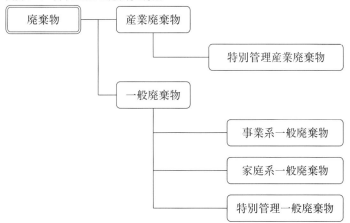

図表 1-5　廃棄物の分類

産業廃棄物	事業活動に伴って生じた廃棄物であって廃棄物処理法で規定された 20 種類の廃棄物
特別管理産業廃棄物	爆発性，毒性，感染性のある廃棄物
事業系一般廃棄物	事業活動に伴って生じた廃棄物であって産業廃棄物以外のもの
家庭廃棄物	一般家庭の日常生活に伴って生じた廃棄物
特別管理一般廃棄物	廃家電製品に含まれる PCB 使用部品，ごみ処理施設の集じん施設で集められたばいじん，感染性一般廃棄物等

図表 1-6　日本における廃棄物処理

	廃棄物の分類	
	一般廃棄物	産業廃棄物
処理責任	市町村	事業者
年間排出量	約 4,300 万トン	約 4 億トン

　日本の産業廃棄物の排出量は，平成 29 年度は約 3 憶 8,354 万トンと推計されている。産業廃棄物の処理の割合は全体の 52% が再生利用，45% が中間処理等での減量化，3% が最終処分と推計されている。

第 2 講 プレゼンテーション
―PowerPoint の応用と活用―

2-1 プレゼンテーションの準備

プレゼンテーションとは，一方的な意見の発表ではなく，聞き手との双方向のコミュニケーションである。まずは聞き手に発表内容を理解してもらうことが第一である。そのためにはリハーサルを含む周到な準備が必須となる。準備をしっかりすればするほど，プレゼンテーションの本番では，落ち着いて説得的な発表ができる。

ここでは，PowerPoint を用いたプレゼンテーションの準備の仕方について簡単に説明する。詳しくは，立教大学の Web サイトで検索ウィンドウに presentation と入力し，大学教育開発・支援センターが作成した『Master of Presentation』を探し，参照していただきたい。

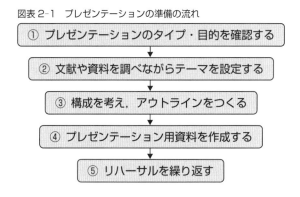

図表 2-1 プレゼンテーションの準備の流れ

① プレゼンテーションのタイプ・目的を確認する

② 文献や資料を調べながらテーマを設定する

③ 構成を考え，アウトラインをつくる

④ プレゼンテーション用資料を作成する

⑤ リハーサルを繰り返す

これ以降は，④のプレゼンテーション用資料の作成に焦点をあてる。

2-2 プレゼンテーション用スライド資料の作成

プレゼンテーションの目的を確認し，文献や資料を調べてテーマを設定したら，発表用のアウトライン(発表全体の流れ)を作成する。アウトラインを作成したら，PowerPoint を使ってプレゼンテーション用資料を作成する。

課題 1 文字や図を挿入したプレゼンテーション用資料の作成

図表 2-2 は，女性労働力の活用をテーマにしたプレゼンテーションのアウトラインの一例である。このアウトラインに基づき，以下の手順にしたがって，PowerPoint を用いて図表 2-3 のプレゼンテーション用資料を作成しなさい。

図表 2-2　アウトライン(女性労働力の活用)

テーマ　女性労働力の活用

1. はじめに
   - 1－1　女性労働力の活用と日本経済
     日本経済の状況の説明と女性労働力の活用の必要性について
   - 1－2　労働力の活用
     - ・就労者数を増やすこと
     - ・一人当たりの生産性を高めること
   - 1－3　女性労働力に固有の問題
2. 女性労働力の実態
   - 2－1　M 字カーブ
     女性の年齢階級別労働力率の各国比較をグラフで提示
   - 2－2　女性管理職の状況
3. 女性労働力を活用するための方策
   - 3－1　M 字カーブの改善
   - 3－2　女性管理職の増加
   - 3－3　男性支援
4. まとめ

図表 2-3　タイトルスライドおよびスライド 2

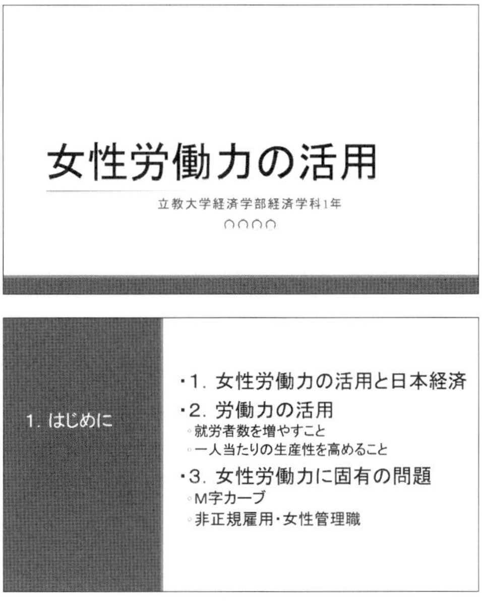

◆アウトラインからスライド作成 ···

❶ PowerPoint を起動し，［デザイン］タブ―［テーマ］グループの下矢印キーをクリックして下記のタイトルスライド「レトロスペクト」を選択する。

❷ 図表 2-3 にある通りタイトルや本文を入力する。

❸ ［ホーム］タブ―［スライド］グループ―［新しいスライド］から「タイトル付きのコンテンツ」を選択，挿入して，図表 2-3 にある通り，2 枚目のスライドを作成する。

❹ 文字入力前に，［ホーム］タブ―［段落］グループ―［箇条書き］を選ぶと，箇条書きが見やすいように行頭文字が自動的に入力される。ここでは任意にいくつかの設定を試して表記が変わるのを確かめた上で，［塗りつぶし丸の行頭文字］を設定する。

課題 2 PowerPoint 用グラフの作成 ─────────

「独立行政法人 労働政策研究・研修機構」が公表している「データブック国際労働比較 2018」の「第 2-11 表 性別・年齢階級別人口・労働力人口・労働力率」（以下，第 2-11 表）から日本，アメリカ，スウェーデン，韓国の女性の年齢階級別労働力率のデータを入手し，図表 2-4 を作成しなさい。図表 2-4 に基づいて図表 2-5 のグラフを作成し，PowerPoint のスライド 3 に追加しなさい。

※ なお，「データブック国際労働比較」は毎年更新されているため最新のデータを用いることと，比較される国によって収録データ年が異なる場合があることには注意が必要である。

図表 2-4 女性の年齢階級別労働力率（国際比較）

	A	B	C	D	E	F	G	H	I	J	K	L	M
1	年齢階級	15-19	20-24	25-29	30-34	35-39	40-44	45-49	50-54	55-59	60-64	65-69	70-74
2	日本	20.4	74.8	83.9	76.9	74.8	79.6	79.6	79.2	73.3	58.1	37	23.1
3	アメリカ	36.0	69.0	76.9	74.9	74.6	75.6	76.2	73.5	66.1	51.8	28.9	15.8
4	スウェーデン	37.8	70.9	83.7	87.7	90.5	91.3	92.1	90.1	86.6	70.9	19.9	7.8
5	韓国	9.2	54.1	76.5	65.2	60.7	64.1	70.2	68.3	61.8	48.3	36.2	28.4

図表 2-5　女性の年齢階級別労働力率（国際比較）グラフ

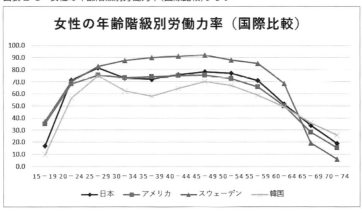

◆女性の年齢階級別労働力率（国際比較）データの作成 ………………………………………

　「独立行政法人　労働政策研究・研修機構」の Web サイトの「統計情報」を開く。「統計情報」
―「データブック国際労働比較」―「データブック国際労働比較 2018」―「（分割版）2. 人
口・労働力人口」の順に選択し，「第 2-11 表　性別・年齢階級別人口・労働力人口・労働力率」
の Excel データを入手する。

❶　新しいシートを作成し，名前を「課題 2-2」に変更する。そのシートの A1 から A5 まで
　　のセルにそれぞれ「年齢階級」「日本」「アメリカ」「スウェーデン」「韓国」と入力する。

❷　「第 2-11 表」のシート「2-11(p1)」の「日本」の左端列にある年齢階級「15-19」から
　　「75～」までをコピーする。「課題 2-2」のセル B1 を右クリックして，［貼り付けのオプショ
　　ン］のうち［行列を入れ替える］を選択して貼り付ける。

❸ 「第2-11表」のシート「2-11(p1)」の右端列にある「労働力率(%)」の「日本」の「女F」のうち年齢階級「15-19」から「75〜」と「アメリカ」の「16-19」から「75〜」までをコピーし，上記と同じように［行列を入れ替える］を選択して「課題2-2」シートのB2とB3にそれぞれ貼り付ける。

❹ 「第2-11表」のシート「2-11(p4)」の右端列にある「労働力率(%)」の「スウェーデン」の「女F」のうち年齢階級「15-19」から「70-74」までをコピーし，上記と同じように［行列を入れ替える］を選択して「課題2-2」シートにそれぞれ貼り付ける。

❺ 「第2-11表」のシート「2-11(p6)」の右端列にある「労働力率(%)」の「韓国」の「女F」のうち年齢階級「15-19」から「70〜」までをコピーし，上記と同じように［行列を入れ替える］を選択して「課題2-2」シートのB4に貼り付ける。

❻ 「課題2-2」シートは次の通りとなるが，データが揃っていないので，N列を削除する。貼り付けたB2:M5のデータは小数第1位まで表示する。［ホーム］タブ−［数値］グループ−［小数点以下の表示桁数を減らす］を数回クリックして設定する。

	A	B	C	D	E	F	G	H	I	J	K	L	M	N
1	年齢階級	15−19	20−24	25−29	30−34	35−39	40−44	45−49	50−54	55−59	60−64	65−69	70−74	75〜
2	日本	17.0	71.5	81.5	73.0	72.0	75.7	78.3	77.0	71.0	51.8	33.8	18.8	5.6
3	アメリカ	35.1	68.0	75.4	73.6	74.1	75.0	75.4	72.5	65.9	50.1	28.0	15.2	6.1
4	スウェーデン	37.2	70.1	82.6	87.5	89.9	91.2	91.8	88.0	85.2	68.4	19.2	5.9	
5	韓国	9.6	56.6	75.0	62.3	58.0	64.7	70.0	67.0	58.9	49.0	35.8	25.9	13.8

◆**女性の年齢階級別労働力率(国際比較)グラフの作成** ……………………………………………………
完成した図表2-4を使用して，グラフを作成する。

❶ A1からM5までのセルを選択(ドラッグして反転)する。

❷ ［挿入］タブ−［グラフ］グループの「2−D折れ線」の"マーカー付き折れ線"をクリックする。

❸ ［グラフツール］から「スタイル11」，［デザイン］タブの［クイックレイアウト］からスタイル3を選択し，グラフのレイアウトを変更する。また，「グラフタイトル」をクリックし，「女性の年齢階級別労働力率(国際比較)」と入力する。

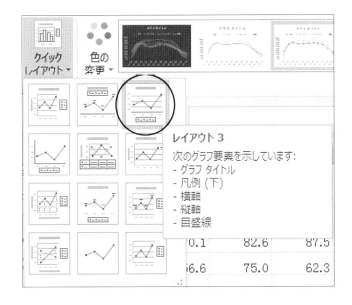

❹ 図表 2-5 を参考に，横軸(X 軸)の項に年齢階級を表示させる。[デザイン]タブ—[データ]グループの[データの選択]をクリックし，「横(項目)軸ラベル」の「編集」をクリックする。「軸ラベルの範囲」にセル範囲 B1:M1 をドラッグして指定する。

❺ グラフの体裁を整える。本書では便宜上グラフエリアのフォントを黒に設定し，横軸のフォントサイズを 8 とした。さらに[デザイン]タブ—[グラフスタイル]グループ—[色の変更]から「カラフルなパレット 1」を選んでいる。

課題 ─3 アニメーションの設定

課題 1 で作成した PowerPoint スライドに戻り，図表 2-6 にある通り，スライドを作成し，最後のスライドにアニメーションを設定し，スライドショーを実行しなさい。

図表 2-6　スライドの作成

2. 女性労働力の実態

女性の年齢階級別労働力率（国際比較）

出所:独立行政法人労働政策研究・研修機構「データブック国際労働比較2018」

3. 女性労働力
を活用するため
の方策

1. M字カーブの改善
2. 女性管理職の増加
3. 男性支援
  ◦子育て支援
  ◦男女家事労働

---

4. まとめ

・日本経済にとって女性の労働力の活用が必須
〔そのためには〕
・女性にとって働きやすい職場
・子育て支援＋男性の家事・育児参加
・多様な働き方が選択可能（短時間労働や育児休暇）
〔結　論〕
・男性支援（家庭支援）という視点

操作手順

◆「2. 女性労働力の実態」,「3. 女性労働力を活用するための方策」スライドの作成 ……………

❶ 新たに3枚目と4枚目のスライド（タイトル付きのコンテンツ）を挿入する。

❷ 課題2で作成したグラフをコピーし，3枚目のスライド上で右クリックし，[貼り付けのオプション]の「図」を選択して貼り付ける。大きさは適時調整する。

❸ [挿入]タブ−[テキスト]グループ−[テキストボックス]をクリックし，「横書きテキストボックスの描画」を選択し，「出所：独立行政法人労働政策研究・研修機構「データブック国際労働比較2019」」と入力する。

❹ 4枚目のスライドに図表2-6にある通りタイトルと本文を入力する。「3. 男性支援」の後に箇条書きの行頭文字を設定する。「子育て支援」と「男女家事労働」を入力したら，それらの文字を選択したまま，[ホーム]タブ−[段落]グループ−[箇条書き]の[塗りつぶし丸の行頭文字]を選択し，Tabキーを1回押して字下げする。

◆アニメーションの設定 ………………………………………………………………………………

❶ 5枚目のスライドを用意し，タイトルと本文を図表2-6のように記入する。

❷ [挿入]タブの[図]グループの「図形」の中の「ブロック矢印」の中から⬇を選択する。5枚目のスライドの1項目と2項目の間を1行空け，カーソルを横に拡げながら挿入する。

❸ 挿入した⬇を右クリックし，[テキストの編集]を選択し，「そのためには」と入力する。

❹ 同様に，最後の項目の前に1行空け，「結　論」と入力された矢印を作成する。

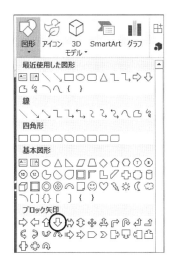
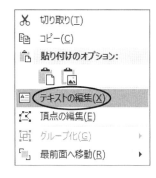

❺ ［アニメーション］タブ→［アニメーションの詳細設定］→「アニメーション ウィンド
ウ」をクリックする。アニメーションウィンドウはアニメーションの順番を変えるのに便利
な機能である。

❻ 対象となる図や文章の全体を選択する。

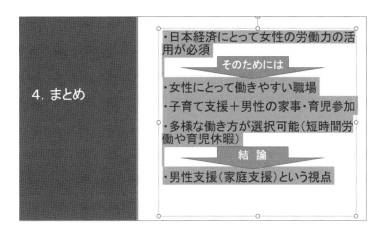

❼ ［アニメーション］タブの［アニメーション］グループから "スライドイン" を選択する。

❽ ［アニメーション］タブ―［アニメーションの詳細設定］グループ―［アニメーションウ
ィンドウ］をクリックする。［アニメーションウィンドウ］の2つの［下矢印］（そのために
は，結論）を Shift キーを押しながら2つとも選択し，右下の▼をクリックし，「クリック
時」を選択する。

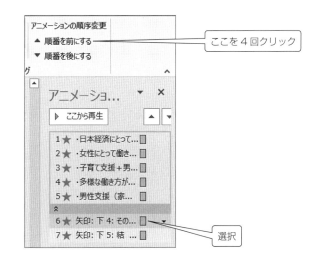

❾ ［アニメーションウィンドウ］の「下矢印」2つが「6」と「7」になったことを確かめ，「6」の下矢印を選択した上で「▲順番を前にする」を4回クリックして，2番目にする。同様に「7」の下矢印を選択した上で「▲順番を前にする」を1回クリックして，6番目にする。

❿ ［プレビュー］をクリックして動作を確認し，［スライドショー］タブ－［スライドショーの開始］グループの［現在のスライドから］をクリックして（または F5 キーを押して），スライドショーを実行する。

2–3 | ノートペインの利用

　PowerPoint には「ノート」という機能がある。これはプレゼンテーション時に発言する内容等をメモしておくものである。ただし，原稿のように一言一句を読み上げるためのものではなく，あくまでも発言のポイントや強調したい内容等を記載した発表用メモとして活用する。ウィンドウ下の「表示モード切り替えボタン」の "ノート" をクリックすると，スライドの下にノートを入力する領域（ノートペイン）が表示される（詳しくは立教大学大学教育開発・支援センター発行の『Master of Presentation』を参照すること）。

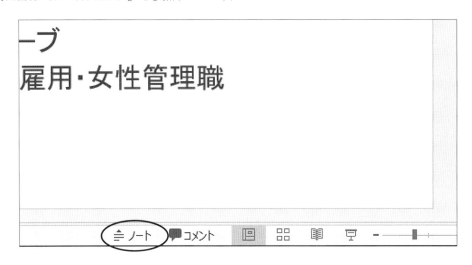

「ノートペイン」への記入は任意であるが，リハーサルをしながら必要最低限の内容を記入しておくとよい。

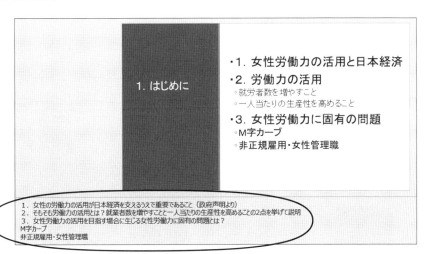

演習問題

＜スライド例＞を参考にしながら，ダウンロードデータ(p.31 参照)の図表 2-7 および図表 2-8 をもとにグラフを作成し，それをスライド 4 として新たに作成し，発表用資料を完成させなさい。また，この資料について 10 分間のプレゼンテーションを行うことを想定し，ノートペインへの記入および配布資料(6 スライド(横))の印刷とリハーサルをしなさい。

図表 2-7　女性の雇用形態別雇用者割合

	A	B	C	D	E	F	G	H
1	女性の雇用形態別雇用者割合　2019年							
2〜5	役員を除く雇用者	正規の職員・従業員	非正規（パート）	同（アルバイト）	同（派遣）	同（契約）	同（嘱託）	同（その他）
6	2588	1137	914	229	85	138	45	40
7	出所）総務省「労働力調査時系列データ」より作成							

図表 2-8　管理職に占める女性の割合（国際比較）

	A	B	C	D	E
1	管理的職業（管理職）従事者数に占める女性の割合				
2	国名	日本	アメリカ	スウェーデン	韓国
3	全数	1,470	24,941	288	331
4	女性	190	10,922	113	32
5	女性比率	12.9%	43.8%	39.3%	9.7%
6	出所）独立行政法人労働政策研究・研修機構「データブック国際労働比較2018」第3−4表より				

＜スライド例＞

女性労働力の活用

立教大学経済学部経済学科1年
○○○○

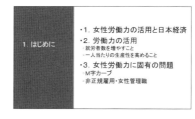

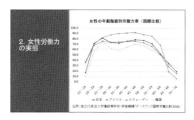

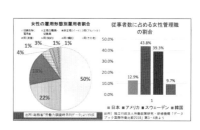

3. 女性労働力を活用するための方策

1. M字カーブの改善
2. 女性管理職の増加
3. 男性支援
   ・子育て支援
   ・男女家事労働

第 **2** 編

経済分野での応用

第 3 講 ── 経済と環境指標の関係を測定する

レクチャーポイント	スキルチェック
❶ 相関係数の理解と導出 ❷ 単回帰分析の理解と実践 ❸ 決定係数の理解と導出	❶ 挿入関数(CORELL, INTERCEPT, SLOPE, RSQ)の利用 ❷ 分析ツール(回帰分析)の利用

3−1 散布図と相関係数

　経済現象を理解しようとする場合，経済に関する変数同士の関係性に目を向けることは非常に重要である。例えば，消費者の消費行動を考える際には，所得と消費，および商品の価格と消費の関係を検討したり，企業の生産行動を説明する場合には，製品の価格と生産量の関係を知ることなどが重要となる。一方の変数が増加するにつれて他方の変数が増加もしくは減少するような場合，2つの変数には相関関係があるというが，経済現象を分析するにあたっては，2つの変数間の相関の有無を考える作業を求められることが少なくない。

　2つの変数間の相関関係を測る最も簡単な方法の1つは散布図を描くことである。散布図とは，縦軸と横軸にそれぞれ関係性を見たい変数をとり，データをプロットしたものである。例えば，図表3-1のように学生の勉強時間とテストの点数をまとめた表を散布図にすると下のようになる。図の中にプロットされているデータはそれぞれ各学生の勉強時間と点数を表している。

図表3-1　勉強時間とテストの点数

	勉強時間	テストの点数
学生A	5	70
学生B	3	40
学生C	10	90
学生D	4	60
学生E	8	85
学生F	5	65
学生G	9	92
学生H	12	100
学生I	10	85
学生J	2	35

単位:時間 単位:点

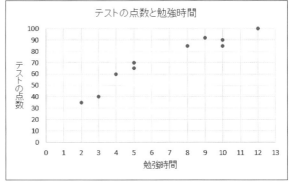

　散布図は直感的にわかりやすいという利点があるが，その一方で視覚に頼るため厳密性には欠ける。そこで，より客観的に2つの変数間の関係性を見るために用いられるのが相関係数という指標である。

　いま，xとyという2つの変数を考えると相関係数の定義は以下のようになる。

$$r = \frac{\sigma_{xy}}{\sigma_x \cdot \sigma_y} = \frac{\frac{1}{n}\sum_{i=1}^{n}(x_i - \bar{x})(y_i - \bar{y})}{\sqrt{\frac{1}{n}\sum_{i=1}^{n}(x_i - \bar{x})^2}\sqrt{\frac{1}{n}\sum_{i=1}^{n}(y_i - \bar{y})^2}}$$

ただし，n はデータの数，$\bar{x}$，$\bar{y}$ はそれぞれ x と y の平均値を表す。また，σ は変数のばらつき具合を表す指標（共分散ないし標準偏差）であり，その定義はそれぞれ以下の通りである。

$$\sigma_{xy} = \frac{1}{n}\sum_{i=1}^{n}(x_i - \bar{x})(y_i - \bar{y}) \qquad (x \text{ と } y \text{ の共分散})$$

$$\sigma_x = \sqrt{\frac{1}{n}\sum_{i=1}^{n}(x_i - \bar{x})^2} \qquad (x \text{ の標準偏差})$$

$$\sigma_y = \sqrt{\frac{1}{n}\sum_{i=1}^{n}(y_i - \bar{y})^2} \qquad (y \text{ の標準偏差})$$

一方の変数が増加するにつれ他方の変数も増加する場合，2つの変数間には「正の相関関係がある」といい，一方の変数が増加するにつれ他方の変数が減少する場合，2つの変数間には「負の相関関係がある」と表現する。相関係数は -1 から1までの値をとるが，相関がない場合（無相関の場合）には値は0となり，1に近いほど強い正の相関があることを，-1 に近いほど強い負の相関があることを示す。$r=1$ ならば完全な正の相関がありプロットした点はすべて右上がりの直線上に並び，$r=-1$ なら完全な負の相関があることになりプロットした点はすべて右下がりの直線上に乗る。正の相関がある場合，負の相関がある場合，および相関が弱い場合をそれぞれイメージで表すと以下の図表3-2のようになる。

図表3-2　相関関係

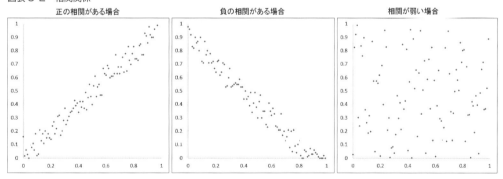

課題　1

図表3-3は日本における国内総生産と各種環境関連指標の推移を示したものである。
　国内総生産と CO_2 排出量のデータを用いて散布図を描きなさい。また，2つの変数の相関係数を CORREL 関数を用いて求めなさい。

＊　このデータは実教出版の Web サイトから，ダウンロードしてください。http://www.jikkyo. co.jp/download/ で，「経済系のための情報活用2」と検索してください（以降，「ダウンロード

データ」を使う指示があった場合，同様の方法で入手してください）。

図表3-3

	年度	鉱工業指数(IIP)鉱工業総合	産業廃棄物排出量	国内総生産(GDP)	CO2排出量	産業廃棄物の直接再生利用量	産業廃棄物の最終処分量	産業廃棄物排出量の逆理論値		
1995	101.2	394	516202	1183	150	69	0		国内総生産と産業廃棄物
1996	103.3	405	528843	1205	181	68	0		排出量の相関係数
1997	106.8	426	533393	1201	169	60	0		
1998	108	415	526004	1158	172	67	0		
1999	100.6	408	521924	1197	171	58	0		
2000	103.3	406	528447	1221	184	45	0		
2001	107.7	400	519189	1203	183	42	0		
2002	97.8	393	514855	1220	182	40	0		αの推定値=
2003	100.7	407	517720	1242	201	30	0		βの推定値=
2004	103.6	417	521349	1266	211	26	0		
2005	107.6	422	525643	1239	219	24	0		RSQ
2006	109.3	418	529034	1231	215	22	0		
2007	114.3	419	530923	1252	219	20	0		
2008	117.5	404	509482	1210	217	17	0		
2009	102.8	390	491957	1104	207	14	0		
2010	93	386	499429	1172	205	14	0		
2011	101.2	381	494043	1191	200	12	0		
2012	100.5	379	494370	1230	208	13	0		
2013	97.8	385	507255	1247	205	12	0		
2014	101.1	393	518235	1164	210	10	0		
2015	100.5	391	532786	1293	208	10	0		
2016	99.8	387	536851	1317	204	10	0		
2017	100.6	384	547586	1189	200	10	0		
		単位：100万	単位：10億	単位：100万	単位：100万	単位：100万トン			

日本の国内総生産と環境関連指標の推移

出所：経済産業省「鉱工業指数」、環境省「平成30年度版環境統計集」、環境省「産業廃棄物の排出及び処理状況等」、内閣府「国

操作手順

◆散布図の作成

❶ B3：C25 の範囲をドラッグして反転させる。

❷ ［挿入］タブの［グラフ］グループから［散布図(X,Y)またはバブルチャートの挿入］を選択し，「散布図」を選ぶ。

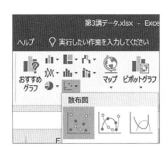

◆散布図の編集

❶ 横軸の最小値を変更する。

・グラフの横軸上で右クリックし，［軸の書式設定］を選択。「軸のオプション」の「境界値」の「最小値」を "90" に設定する。

❷ グラフをクリックし，［グラフツール］の［デザイン］タブを選び，［グラフのレイアウト］グループの［クイックレイアウト］から「レイアウト1」を選択する。凡例にカーソルを合わせた状態で右クリックし「削除」を選ぶ。

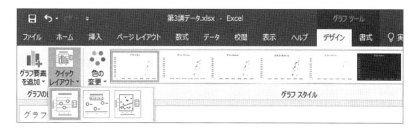

❸ ［グラフタイトル］を「産業廃棄物排出量と鉱工業指数」，横軸の軸ラベルを「2015 年＝100」，縦軸の軸ラベルを「産業廃棄物排出量（100 万トン）」とする。縦軸ラベル上にカーソルを合わせた状態でクリックし，［軸ラベルの書式設定］を選択し，［サイズとプロパティ］の「文字列の方向」を「縦書き」に変更する。さらに，水平方向の目盛り線上で右クリックし，「削除」を選択する。

❹ グラフを選択し，［グラフツール］の［デザイン］タブから［場所］グループの［グラフの移動］を選択し，「新しいシート」にチェックを入れ［OK］をクリックする。

図表 3-4　産業廃棄物排出量と鉱工業指数

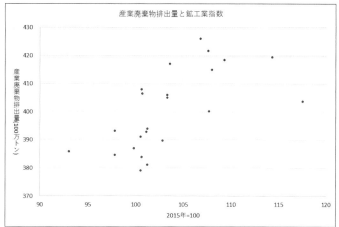

◆相関係数の導出

❶ セル I5 をクリックし［数式］タブ－［関数ライブラリ］グループの ▣ （関数の挿入）をクリックする。［関数の挿入］ダイアログボックスが表示されるので「関数の分類」を「統計」にし，「関数名」から "CORREL" を選び，［OK］をクリックする。

❷ ［関数の引数］ダイアログボックスで「配列 1」に「B3:B25」を，「配列 2」に「C3:C25」をそれぞれ選択して入力し，［OK］をクリックする。

3-2 | 単回帰

　2つの変数の関係性は前節で取り上げた相関係数を使うことで見ることができた。しかし，例えば，人々の所得の変化が二酸化炭素の排出量をどれほど変化させるのかを測定する場合のように，ある変数の動きから他の変数の動きを説明したり予測したりする際には回帰分析と呼ばれる手法が有用である。

　回帰分析では変数の間に $Y = \alpha + \beta X$ という関係が成り立つことを想定し，最も当てはまりがよくなるパラメータ α および β を推計する。この式は回帰式といい，変数 Y の値は変数 X の値に依存して決まることを表しており，X を説明変数，Y を被説明変数と呼ぶ。そして，説明変数が1つのみのケースを特に単回帰という。

　パラメータの推計方法にはいくつか種類があるが，ここでは最小二乗法と呼ばれる手法（最小二乗回帰）を紹介する。図表 3-5 に描かれているように，変数の間に $Y = \alpha + \beta X$ という直線的な関係を想定する場合，通常すべてのデータが推計された直線上の点 (X_i, Y_i) を通ることはなく，観察されたデータと直線との間には残差と呼ばれる乖離（かいり）が生じる。この残差の二乗和が最小になるような直線の切片 α と係数 β を求める手法が最小二乗法である。回帰分析の結果得られたパラメータは，それぞれ記号の上にハットを付けて $\hat{\alpha}$，$\hat{\beta}$ と表す。また，推定された $\hat{\alpha}$，$\hat{\beta}$ を用いて下に示した式から計算した Y の推定値のことを理論値（$\hat{Y}$ と表記する）と呼ぶ。記号を用いると残差 (u) は $\hat{Y} - Y$ と表される。

　Excel では INTERCEPT 関数を用いることで $\hat{\alpha}$ を，SLOPE 関数を用いることで $\hat{\beta}$ を求めることができる。さらにこれらのパラメータの値は分析ツールを使うことでも求められる。

i 番目の Y の理論値 = α の推定値 + β の推定値 × i 番目の X の実際の値

$$\hat{Y}_i = \hat{\alpha} + \hat{\beta} \times X_i$$

図表 3-5　回帰直線と残差

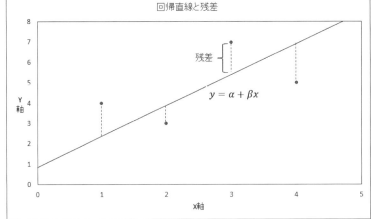

課題 ❷

　図表 3-3 に関して，産業廃棄物排出量(C 列)を鉱工業指数(IIP)鉱工業総合(B 列)で説明する $I_t = \alpha + \beta\, IIP_t$ という回帰式を考える(添え字の t は年度を表す記号とする)。なお，鉱工業指数については，p. 123 で説明する。

① 　INTERCEPT 関数および SLOPE 関数を用いてパラメータ α，β の最小二乗法による推定値を求めなさい。

② 　推定したパラメータを用いて，産業廃棄物排出量の理論値 $\hat{I}_t$ を計算したうえで，横軸に時間をとったグラフに理論値 $\hat{I}_t$ と実測値 I_t の折れ線グラフを作成し，両者を比較しなさい。

操作手順

◆**パラメータの推定** ‥‥‥‥‥‥‥‥‥‥‥‥‥‥‥‥‥‥‥‥‥‥‥‥‥‥‥‥‥‥‥‥‥‥‥

❶ 　セル K10 をクリックし $\boxed{\substack{fx \\ 関数の \\ 挿入}}$ (関数の挿入)を選択する。[関数の挿入]ダイアログボックスが表示されるので[関数の分類]を"統計"にし，[関数名]から"INTERCEPT"を選び，[OK]をクリックする。

❷ 　「既知の Y」に「C3:C25」，「既知の X」に「B3:B25」と入力し，[OK]をクリックする。

❸ 　セル K11 をクリックし $\boxed{\substack{fx \\ 関数の \\ 挿入}}$ (関数の挿入)を選択する。[関数の挿入]ダイアログボックスが表示されるので[関数の分類]を"統計"にし，[関数名]から"SLOPE"を選び，[OK]をクリックする。

❹ 　「既知の Y」に「C3:C25」，「既知の X」に「B3:B25」と入力し，[OK]をクリックする。

◆**産業廃棄物排出量の理論値と実測値の折れ線グラフを描く** ‥‥‥‥‥‥‥‥‥‥‥‥‥‥

❶ 　産業廃棄物排出量の理論値を計算する。セル H3 に「＝$K$10＋$K$11＊B3」と入力し，結果を H4 から H25 までコピーする。

❷ 　理論値と実測値をグラフに描く。C2:C25 をドラッグして反転させた状態から $\boxed{\text{Ctrl}}$ を押したまま，H2:H25 をドラッグして反転させる。

❸ 　[挿入]タブの[グラフ]グループから[折れ線／面グラフの挿入]をクリックし，[マーカー付き折れ線]を選択する。

理論値の計算

	H	I	J	K
2	産業廃棄物排出量の理論値			
3	396.6995	国内総生産と産業廃棄物		
4	400.2228	排出量の相関係数		
5	406.0949		0.641	
6	408.1082			
7	395.6929			
8	400.2228			
9	407.6048			
10	390.9952	α の推定値=		226.912
11	395.8607	β の推定値=		1.678
12	400.7261			
13	407.4371	RSQ ・		
14	410.2892			

1995 年度の産業廃棄物排出量の理論値＝α の推定値＋β の推定値 ×1995 年度の GDP ＝226.912 + 1.678×101.2

◆折れ線グラフの編集 ··

❶　縦軸の最小値をゼロにする。縦軸上で右クリックし［軸の書式設定］を選択。［軸のオプション］で「境界値」の「最小値」を「0」に設定する。

❷　横軸に年度を表示する。グラフを選択し，［グラフツール］の［デザイン］タブから［データ］グループ内の［データの選択］をクリックする。［データソースの選択］ダイアログボックスが表示されるので，［横（項目）軸ラベル］の［編集］を選択し，［軸ラベルの範囲］を「A3：A25」にして［OK］をクリックする。

❸　グラフタイトルを「産業廃棄物排出量の理論値と実測値」とする。

❹　縦軸にラベルを追加する。［グラフツール］の［デザイン］タブ内にある［グラフのレイアウト］グループから［グラフ要素を追加］を選択。［軸ラベル］から［第1縦軸］を選ぶと，グラフ上の縦軸に軸ラベルを入力するボックスが表示されるので，「一〇〇万トン」と入力する。縦軸ラベル上で右クリックし，［軸ラベルの書式設定］の［サイズとプロパティ］の「文字列の方向」を「縦書き」にする。

❺　凡例をグラフに重ねて表示する。［グラフツール］の［デザイン］タブにある［グラフのレイアウト］グループから［グラフ要素を追加］を選択し，［凡例］から［その他の凡例オプション］［凡例をグラフに重ねずに表示する］のチェックをはずす（図表3-6では凡例を右に表示している）。

❻　課題1と同様に，新しいワークシートにグラフを移動させる。

図表3-6　産業廃棄物排出量の理論値と実測値

回帰式の適合度

　回帰分析は関係のない変数同士にも適用できるが，このような分析から得られた結果は意味のないものになってしまう。回帰分析を行うときには，説明変数が被説明変数の動きをどれほどうまく捉えられているかが重要であり，これを評価する際に一般的に用いられるのが決定係数 R^2 である。決定係数は以下のように定義される。

$$R^2 = \frac{(\hat{Y}_1 - \overline{Y})^2 + (\hat{Y}_2 - \overline{Y})^2 + \cdots\cdots + (\hat{Y}_n - \overline{Y})^2}{(Y_1 - \overline{Y})^2 + (Y_2 - \overline{Y})^2 + \cdots\cdots + (Y_n - \overline{Y})^2} = 1 - \frac{\Sigma \hat{u}_i^2}{\Sigma (Y_i - \overline{Y})}$$

　ただし，$\overline{Y}$ は Y の平均値を意味する。上の式の分母は全変動と呼ばれ，被説明変数の変動（ばらつき）の大きさを表す。一方，分子は回帰変動と呼ばれ，回帰によって説明できる変動を表す。つまり決定係数とは全変動に対する回帰変動の割合を見たものである。R^2 は 0 から 1 の間の値をとり，決定係数が高ければ想定した回帰式が観測されたデータをうまく説明していることを示し，観測されたデータと回帰式の乖離も小さくなる。一方，決定係数が低い場合には想定した回帰式がデータをうまく説明していないことになり，データと回帰式の乖離は大きくなる。

課題 ③

　図表 3-3 について，産業廃棄物排出量(I)を鉱工業指数(IIP)鉱工業総合で説明する $I_t = \alpha + \beta IIP_t$ という回帰式を考える。α と β の最小二乗法による推定値と決定係数 R^2 を［データ分析（回帰分析）］を用いて求めなさい。なお，決定係数については RSQ 関数を用いた計算も行い結果を比較しなさい。

操作手順 ⬇

◆ ［データ］タブに［データ分析］が表示されていない場合の対処(Excel 2016，2019) ⋯⋯⋯⋯⋯⋯
　［ファイル］タブから［オプション］を選択し［アドイン］をクリックする。［管理］ボックスの一覧から［Excel アドイン］を選択し［設定］をクリックする。［分析ツール］チェックを入れ［OK］をクリックすると［データ分析］が使用可能になる。

◆データ分析（回帰分析）を使った最小二乗推定 ⋯⋯⋯⋯⋯⋯⋯⋯⋯⋯⋯⋯⋯⋯⋯⋯⋯⋯⋯⋯⋯⋯⋯⋯⋯
❶　［データ］タブから［分析］グループの［データ分析］をクリックし，"回帰分析"を選択して［OK］をクリックする。

❷　［回帰分析］ダイアログボックスが起動するので，「入力 Y 範囲」には被説明変数である産業廃棄物排出量のデータ範囲「C3:C25」を入力する。同様に「入力 X 範囲」には説明変数である国内総生産のデータ範囲「B3:B25」を入力する。

❸　「新規ワークシート」にチェックを入れて［OK］をクリックすると，新しいワークシー

トに推定の結果が表示される。切片の推定値 $\hat{\alpha}$ は［切片］の［係数］を示す B17 のセル，係数の推定値 $\hat{\beta}$ は［X 値 1］の［係数］を表す B18 のセル，決定係数の値は［重決定 R2］とある右側の B5 のセルにそれぞれ表示される。

◆ **RSQ を用いた決定係数の導出** ……………………………………………………………………………

❶ 決定係数を出力したいセル（例　J13）をクリックし，［数式］タブの［関数ライブラリ］グループから［関数の挿入］を選択。「関数の分類」を「統計」に設定し，「関数名」から"RSQ" を選択して［OK］をクリックする。

❷ 「既知の y」に CO_2 排出量のデータ範囲「C3:C25」，「既知の x」には国内総生産のデータ範囲「B3:B25」を入力し，［OK］をクリックする。

❸ 結果は 0.411095 となり，［分析ツール］を使用した場合と同じになることがわかる。

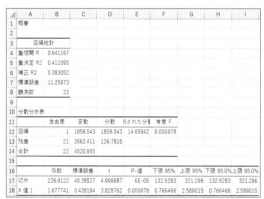

演習問題

1. 図表 3-3 に関して，国内総生産と CO_2 排出量の相関関数を求めなさい。また，CO_2 排出量を被説明変数，国内総生産を説明変数とした回帰モデルを作り，CO_2 排出量の理論値を求め，理論値と実際の値を比較する折れ線グラフを作成しなさい。

2. 決定係数が 0.8 以上になるような説明変数と被説明変数の組み合わせを自由に探し，最小二乗法を用いて推定した被説明変数の理論値と実際の値を比較するグラフを作成しなさい。

第 **4** 講 ● 不平等度を測定する

レクチャーポイント
❶ ローレンツ曲線，ジニ係数の意味と内容
❷ そのグラフ化，計算方法

スキルチェック
❶ 散布図グラフの描き方

4-1 不平等度を測る統計

4-1-1 ローレンツ曲線とジニ係数

　所得(貯蓄でもよいが，以下では所得で説明する)の不平等度を測定する指標として，ジニ係数がある。

　所得と世帯数との関係を示した度数分布表が与えられたとする。この場合，所得と世帯のそれぞれの累積相対度数との関係を示す二次元グラフを考えることができる。累積相対度数はどちらも最大値が 100% なので，グラフは正方形とされる。ここで，所得と世帯のそれぞれの累積相対度数をグラフ上にプロットし，それらを繋ぐと曲線が示される。この曲線はローレンツ曲線と呼ばれる。

図表 4-1　ローレンツ曲線

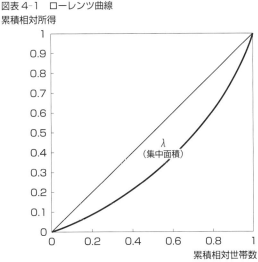

　ローレンツ曲線は，所得などの不平等の程度を明示的に示すのでわかりやすい。曲線のたわみが小さいほど不平等度が小さい。しかし，比較の時点と場所とが異なると，曲線を描いただけでは不平等度の違いを判断しにくいことがある。コッラド・ジニ(イタリア)はローレンツ曲線のこの問題点に気がつき，この点を回避するジニ係数を考え出した。

ジニ係数は年間所得の分布の不平等度を示すローレンツ曲線とグラフの対角線である均等分布直線とによって作られる三日月形の図形の面積に着目した係数である。これは通常，$\overset{\text{ラムダ}}{\lambda}$（集中面積）と記される。右下方向に凸である曲線のたわみが大きいほど，この部分の面積は広くなる。ジニ係数はこの面積を2倍した値である。

　ジニ係数（G）は次のように定式化される。すなわち，G は $\overset{\text{ラムダ}}{\lambda}$（集中面積）を2倍して求める。

$$G = 2\lambda$$

G は $0 < G < 1$ の値をとる。

　ジニ係数はまた，次式で計算できる。相対世帯数を f，累積相対所得を S とすると，ジニ係数を求める式 G は次の通りである。

$$G = 2 \times \left(0.5 - \sum_{i=1}^{n} \frac{(S_i + S_{i-1}) \times f_i}{2} \right)$$

　係数はその値が大きいほど所得の不平等度が大きいことを表す。所得分布が均等であればあるほど，曲線は対角線に接近する。

4-1-2 **ジニ係数を理解する場合の留意点**

　ジニ係数は，上記のように，格差を測る便利で有用な指標である。

　しかし，その利用には注意が必要である。第1に，利用できるデータは家計調査のような集計データであるから，同じ所得階層の中に異なる属性を持った世帯が混在していることを理解しておかなければならない。世帯間の属性の相違を考慮せず，ジニ係数を鵜呑みにすると，見せかけの所得格差の存在に惑わされる。

　第2に，いうまでもなく，ジニ係数の値だけで所得格差の実態がすべて明らかになるわけではない。所得分配の公平性を評価するにはさまざまな他の指標とともに多角的に考察する必要がある。

　第3に，社会全体の経済厚生は所得の分配とともに，分配される所得の大きさにも依存する。パイ（富）の大きさとパイの分け方の双方が，社会全体の厚生水準を決定する。平均所得が高いものの格差が大きな社会と，格差が小さいものの全体に貧しい社会のどちらが望ましいかについては，ジニ係数だけでは判断できない。

4–2 　作図と係数計算

4-2-1 **ローレンツ曲線の描き方**

課題 **1**

　世帯と所得のデータが次ページの図表 4–2 のように与えられているとき，このデータを用いてジニ係数を求め，ローレンツ曲線を描きなさい。なお，第4講の課題，演習問題はダウンロードデータを利用する（p.31 参照）。

図表 4-2 世帯と所得額のデータ(作業前)

	A	B	C	D	E	F	G
1	世帯と所得額のデータ						
2			世帯			所得	
3	世帯番号	世帯	相対度数	累積相対度数	所得額	相対度数	累積相対度数
4	1	1			10		
5	2	1			20		
6	3	1			30		
7	4	1			40		
8	合計	4			100		

操作手順

◆ 世帯の相対度数，累積相対度数を求める。……………………………………………………

❶ 世帯の相対度数(C列)を求める。このモデルでは 4 世帯しかないので，相対度数は C4 から C7 まですべて 0.25 である。まず，C4 に「＝B4/$B$8」の計算式を入力し，それを C5:C7 にコピーする。

❷ 世帯の累積相対度数は，世帯の相対度数を積み上げて計算する。まず，D4 に「＝C4」を入力する。次に，D5 に「＝D4＋C5」と計算式を入力し，それを D6:D7 にコピーする。

◆ 所得の相対度数，累積相対度数を求める。…………………………………………………

❶ 所得の相対度数を求める。相対度数は，それぞれの階級所得額を合計所得額(E8)で除すことで求めることができる。まず，F4 に「＝E4/$E$8」の計算式を入力し，それを F5:F7 にコピーする。

❷ 所得の累積相対度数を求める。まず，G4 に「＝F4」を入力する。次に，G5 に「＝G4＋F5」と計算式を入力し，それを G6:G7 にコピーする。

◆ 散布図グラフを使用して，ローレンツ曲線を描く。……………………………………

❶ 4 行目に 1 行挿入する。

図表 4-3 世帯と所得額のデータ(作業後)

	A	B	C	D	E	F	G
1	世帯と所得額のデータ						
2			世帯			所得	
3	世帯番号	世帯	相対度数	累積相対度数	所得額	相対度数	累積相対度数
4				0			0.0
5	1	1	0.25	0.25	10	0.10	0.10
6	2	1	0.25	0.50	20	0.20	0.30
7	3	1	0.25	0.75	30	0.30	0.60
8	4	1	0.25	1.00	40	0.40	1.00
9	合計	4			100		

❷ ローレンツ曲線は，原点からスタートするので，「世帯」と「所得」のそれぞれの累積相対度数の値が入っている D4，G4 に「0」と記入する(図表 4-3 参照)。

❸ D4:D8 を選択し，Ctrl キーを押しながら G4:G8 を選択する。これで曲線の対象となるセルを範囲指定できたことになる。

❹ メニューバーの［挿入］タブ→［グラフ］グループ→［散布図(X，Y)またはバブルチャートの挿入］－［散布図(直線とマーカー)］をクリックする。

❺ グラフの横軸，縦軸を選択し，右クリックの［軸の書式設定］で［境界値］の［最大値］をそれぞれ「1」とする。縦軸と横軸のサイズ，目盛，線の太さなどの書式を整える。

❻ セル D4 を選択し，［ホーム］タブ－［数値］グループ－［数値の書式］で，「標準」を「数値」に変更し，［小数点以下の表示桁数を増やす］をクリックして小数第 1 位まで表示させる。

❼ セル D4 をコピーして G4 に貼り付ける。D4 と G4 ともに書式「数値」で小数第 1 位まで表示されていることを確認する。D5:D8，G5:G8 も書式「数値」で，小数第 2 位までの表示に設定する。

❽ グラフタイトルは「ローレンツ曲線（世帯と所得）」とする。

図表 4-4　ローレンツ曲線（世帯と所得）

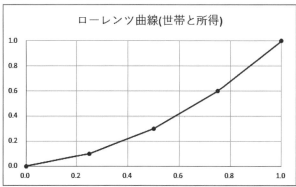

4-2-2　ジニ係数の求め方

　課題 1 のグラフは，図表 4-5 のようになる。ローレンツ曲線の下には 1 個の直角三角形 A とそれに接続して並ぶ 3 個の台形がある（次ページ図表 4-5）。この合計 4 個の図形（A，B，C，D）の面積を直角二等辺三角形の面積 $\left(\dfrac{1}{2}\right)$ から引けば，λ が求められる。

　すなわち {A の三角形の面積＋B の台形の面積＋C の台形の面積＋D の台形の面積} となる。図中の図形の面積 A，B，C，D の和は，次の手順で求める。

（A）　三角形 A の面積：$\dfrac{1}{2} \times 0.1 \times 0.25 = 0.0125$

（B）　台形 B の面積：$\dfrac{1}{2} \times (0.1 + 0.3) \times 0.25 = 0.05$

（C）　台形 C の面積：$\dfrac{1}{2} \times (0.3 + 0.6) \times 0.25 = 0.1125$

（D）　台形 D の面積：$\dfrac{1}{2} \times (0.6 + 1) \times 0.25 = 0.2$

この合計は 0.375 である。集中面積 λ は 0.5 − 0.375 = 0.125 である。

$$G = 2\lambda = 2 \times 0.125 = 0.25$$

となり，ジニ係数の値は 0.250 である。

図表 4-5　ローレンツ曲線

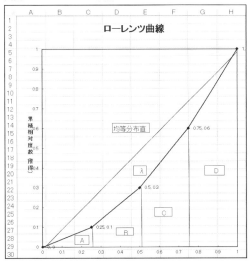

4-3 | ジニ係数による不平等度の比較

課題 2

　図表 4-6，図表 4-7 は 2 つの地域（A 地域，B 地域）の世帯の貯蓄額の分布を示した度数分布表である。両地域のジニ係数を課題 1 の操作手続きを参考にして求めなさい。

図表 4-6　世帯の貯蓄分布モデル（A 地域）

	A	B	C	D	E	F	G	H	I
1	世帯の貯蓄分布モデル（A 地域）								
2				世帯		貯蓄			
3	階級範囲 （単位：万円）	階級値	世帯数	相対度数	累積相対度数	階級貯蓄額	相対度数	累積相対度数	ジニ係数用台形面積
4	〜100	50	19						
5	100〜200	150	23						
6	200〜300	250	19						
7	300〜400	350	10						
8	400〜500	450	8						
9	500〜600	550	6						
10	600〜700	650	5						
11	700〜800	750	4						
12	800〜900	850	3						
13	900〜1000	950	2						
14	1000〜	1014	1						
15			100						
16								ジニ係数	

図表 4-7　世帯の貯蓄分布モデル（B 地域）

	A	B	C	D	E	F	G	H	I
17	世帯の貯蓄分布モデル（B 地域）								
18				世帯		貯蓄			
19	階級範囲 （単位：万円）	階級値	世帯数	相対度数	累積相対度数	階級貯蓄額	相対度数	累積相対度数	ジニ係数用台形面積
20	〜100	50	0						
21	100〜200	150	0						
22	200〜300	250	2						
23	300〜400	350	14						
24	400〜500	450	35						
25	500〜600	550	33						
26	600〜700	650	14						
27	700〜800	750	2						
28	800〜900	850	0						
29	900〜1000	950	0						
30	1000〜	1014	0						
31			100						
32								ジニ係数	

◆階級貯蓄額を求める。……………………………………………………………………………

❶ 各階級の貯蓄額(F列)を求める。各階級の貯蓄額は，貯蓄額の階級値(B列)にそれぞれの階級の世帯数(C列)を乗じて求める。すなわち，F4 は「＝B4＊C4」となる。この計算式を F5:F14 にコピーする。

❷ 階級貯蓄額の合計を求める。F15 に，「＝SUM(F4:F14)」と計算式を入力する。

◆世帯の相対度数，累積相対度数を求める。…………………………………………………………

❶ 世帯の相対度数(D列)を求める。相対度数は，それぞれの階級の世帯数(C列)を合計世帯数(C15)で除すことで求める。合計世帯数(C15)は，絶対参照(\$C\$15)とする。

❷ 貯蓄額 100 万円未満の世帯の累積相対度数(E4)は，この階級の相対度数(D4)と同一である。次の階級以降の累積相対度数は，1 階級前の累積相対度数に当該階級の相対度数(D列)を加えることで求められる。

・E4 に「＝D4」と入力する。

・E5 に「＝E4＋D5」と計算式を入力する。

・E5 の計算式を E6:E14 にコピーする。

◆貯蓄の相対度数，累積相対度数を求める。…………………………………………………………

❶ 貯蓄の相対度数(G列)を求める。貯蓄の相対度数は，それぞれの階級貯蓄額を合計貯蓄額(F15)で除すことで求める。合計貯蓄額(F15)は絶対参照(\$F\$15)とする。

❷ 貯蓄の累積相対度数(H列)を求める。

・H4 に「＝G4」と入力する。

・H5 に「＝H4＋G5」と計算式を入力する。

・H5 の計算式を H6:H14 にコピーする。

◆それぞれの階級の面積を求める。…………………………………………………………………

階級ごとの面積，$\dfrac{(S_i + S_{i-1}) \times f_i}{2}$ を計算する。ただし，第 1 階級の S_{i-1} は存在しないので，第 1 階級については $S_i \times f_i$ を計算する。

❶ I4 に「＝D4＊H4/2」と計算式を入力する。

❷ I5 に「＝(H4＋H5)＊D5/2」と計算式を入力する。

❸ I5 の計算式を I6:I14 にコピーする。

◆ジニ係数を求める。………………………………………………………………………………

❶ I列の合計 $\sum\limits_{i=1}^{n} \dfrac{(S_i + S_{i-1}) \times f_i}{2}$ を計算する。I15 に「＝SUM(I4:I14)」と計算式を入力する。

❷ ジニ係数 $G = 2 \times \left(0.5 - \sum\limits_{i=1}^{n} \dfrac{(S_i + S_{i-1}) \times f_i}{2} \right)$ を求める。すなわち，I16 に「＝2＊(0.5－I15)」と計算式を入力する。

※ B 地域についても同様の手続きで世帯と貯蓄額の相対度数，累積相対度数を求め，個々の貯蓄階級のジニ係数用の台形の面積を求め，その総和からジニ係数を求める。A 地域のジニ係数は 0.421，B 地域のそれは 0.112 となる。

図表 4-8　A 地域ジニ係数

	A	B	C	D	E	F	G	H	I
1	A地域ジニ係数								
2				世帯		貯蓄			
3	階級範囲（単位：万円）	階級値	世帯数	相対度数	累積相対度数	階級貯蓄額	相対度数	累積相対度数	ジニ係数用台形面積
4	-100	50	19	0.190	0.190	950	0.030	0.030	0.003
5	100-200	150	23	0.230	0.420	3450	0.110	0.141	0.020
6	200-300	250	19	0.190	0.610	4750	0.152	0.293	0.041
7	300-400	350	10	0.100	0.710	3500	0.112	0.405	0.035
8	400-500	450	8	0.080	0.790	3600	0.115	0.520	0.037
9	500-600	550	6	0.060	0.850	3300	0.106	0.625	0.034
10	600-700	650	5	0.050	0.900	3250	0.104	0.729	0.034
11	700-800	750	4	0.040	0.940	3000	0.096	0.825	0.031
12	800-900	850	3	0.030	0.970	2550	0.082	0.907	0.026
13	900-1000	950	2	0.020	0.990	1900	0.061	0.968	0.019
14	1000-	1014	1	0.010	1.000	1014	0.032	1.000	0.010
15			100			31264			0.289
16								ジニ係数	0.421

図表 4-9　B 地域ジニ係数

	A	B	C	D	E	F	G	H	I
	B地域ジニ係数								
				世帯		貯蓄			
	階級範囲（単位：万円）	階級値	世帯数	相対度数	累積相対度数	階級貯蓄額	相対度数	累積相対度数	ジニ係数用台形面積
	-100	50	0	0.000	0.000	0	0.000	0.000	0.000
	100-200	150	0	0.000	0.000	0	0.000	0.000	0.000
	200-300	250	2	0.020	0.020	500	0.010	0.010	0.000
	300-400	350	14	0.140	0.160	4900	0.098	0.108	0.008
	400-500	450	35	0.350	0.510	15750	0.316	0.424	0.093
	500-600	550	33	0.330	0.840	18150	0.364	0.788	0.200
	600-700	650	14	0.140	0.980	9100	0.182	0.970	0.123
	700-800	750	2	0.020	1.000	1500	0.030	1.000	0.020
	800-900	850	0	0.000	1.000	0	0.000	1.000	0.000
	900-1000	950	0	0.000	1.000	0	0.000	1.000	0.000
	1000-	1014	0	0.000	1.000	0	0.000	1.000	0.000
			100			49900			0.444
								ジニ係数	0.112

課題 3

　図表 4-10 は，総務省統計局「家計調査（2019 年）」の年間収入階級別度数分布表である。表の空欄を埋め，ジニ係数を求めなさい。

図表 4-10　階級別年間収入（2019 年：2 人以上世帯のうち勤労者世帯）①

	A	B	C	D	E	F	G	H	I
1	年間収入階級別年間収入（2019年；2人以上世帯のうち勤労者世帯）								
2									
3				世帯		収入額			
4	階級範囲（単位：万）	階級値	世帯度数	相対度数	累積相対度数	収入額	相対度数	累積相対度数	ジニ係数用台形面積
5	-376	292	439			288290			
6	376-462	423	428			366522			
7	462-536	501	430			428467			
8	536-600	569	397			477773			
9	600-673	636	404			513477			
10	673-749	709	404			571680			
11	749-836	791	393			602161			
12	836-944	886	374			698677			
13	944-1149	1037	389			822362			
14	1149-	1449	364			1092082			
15	合計		4022			2260946			
16								ジニ係数	

⑴ 図表 4-10 を作表し，表の空欄を埋める。

◆表を作成し，総額を求める。⋯⋯⋯⋯⋯⋯⋯⋯⋯⋯⋯⋯⋯⋯⋯⋯⋯⋯⋯⋯⋯⋯⋯⋯⋯⋯⋯⋯⋯⋯

❶ 図表 4-10 を作表する。

❷ 階級ごとの収入額とその合計を求める。

◆世帯の相対度数，累積相対度数を求める。⋯⋯⋯⋯⋯⋯⋯⋯⋯⋯⋯⋯⋯⋯⋯⋯⋯⋯⋯⋯⋯⋯⋯⋯

❶ 世帯の相対度数(D 列)を求める。

❷ 収入額 376 万円未満の累積相対度数(E5)は，この階級の相対度数(D5)と同一である。次の階級以降の累積相対度数は，1 階級前の累積相対度数に当該階級の相対度数を加える。

◆収入の相対度数，累積相対度数を求める。⋯⋯⋯⋯⋯⋯⋯⋯⋯⋯⋯⋯⋯⋯⋯⋯⋯⋯⋯⋯⋯⋯⋯⋯

❶ 収入の相対度数(G 列)を求める。

❷ 収入の累積相対度数を求める。

❸ ジニ係数用台形面積を計算する。I5 に「＝D5＊H5/2」，I6 に「＝(H5＋H6)＊D6/2」と入力する。I6 の計算式を I7:I14 にコピーする。

❹ 面積の総和を求める(I16 に計算式＝SUM(I5:I14)と記入する)。

❺ ジニ係数を求める(H16 に計算式「＝2＊(0.5－I15)」と記入する)。ジニ係数，0.2505 が求められる。

図表 4-11　階級別年間収入(2019 年：2 人以上世帯のうち勤労者世帯)②

	A	B	C	D	E	F	G	H	I
1	年間収入階級別年間収入(2019年；2人以上世帯のうち勤労者世帯)								
2									
3				世帯		収入額			
4	階級範囲(単位：万	階級値	世帯度数	相対度数	累積相対度数	収入額	相対度数	累積相対度数	ジニ係数用台形面積
5	－376	292	439	0.109	0.109	288290	0.128	0.128	0.007
6	376-462	423	428	0.106	0.216	366522	0.162	0.290	0.015
7	462-536	501	430	0.107	0.322	428467	0.190	0.479	0.019
8	536-600	569	397	0.099	0.421	477773	0.211	0.690	0.020
9	600-673	636	404	0.100	0.522	513477	0.227	0.918	0.022
10	673-749	709	404	0.100	0.622	571680	0.253	1.170	0.024
11	749-836	791	393	0.098	0.720	602161	0.266	1.437	0.025
12	836-944	886	374	0.093	0.813	698677	0.309	1.746	0.027
13	944-1149	1037	389	0.097	0.909	822362	0.364	2.109	0.033
14	1149-	1449	364	0.091	1.000	1092082	0.483	2.592	0.038
15	合計		4022			2260946			0.230
16								ジニ係数	0.540

演習問題

　厚生労働省の「所得再分配調査 2017 年」の統計を，次の図表 4-12 を参考に Excel ワークシートに作表し，当初所得の状態と再分配所得の状態とをローレンツ曲線を描いて比較しなさい。

※ 「所得再分配調査」とは，人々が給料や事業所得といった形で第一義的に得る所得の内容を私たちが得る所得(再分配前所得)と，租税や社会保険料の政府への支払い，年金や生活扶助などの現金給付，医療や介護といった現物給付の政府からの受取りである「政府の所得再分配」後の

所得（再分配後所得）を内容的に区別し，両者を別々に推計した統計である。

再分配後所得＝再分配前所得－租税負担額－社会保険料＋社会保障給付（現金）＋社会保障給付（現物）

図表 4-12　比較用ワークシート（所得再分配調査：2017 年）

	A	B	C	D	E	F	G	H	I	J	K	L	M	N	O
					等価当初所得階級							等価再分配所得階級			
	等価当初所得階級	当初所得 (A) 万円	再分配所得 (B) 万円	世帯員数 (C)	世帯構成（%）		(A)×(C)	相対等価所得数	累積相対等価所得数	世帯員数 (D)	世帯構成（%）		(B)×(D)	相対等価再分配所得数	累積相対等価再分配所得数
					相対世帯数	累積相対世帯数					相対世帯数	累積相対世帯数			
5				0			0		0				0		
6	50万円未満	8.7	169.5	2069						98			16611		
7	50～100	75	182.6	735						446			81439.6		
8	100～150	124.6	211.2	718						800			168960		
9	150～200	173.7	248.3	798						1164			289021.2		
10	200～250	225.8	275.4	939						1482			408142.8		
11	250～300	274.7	320.7	753						1280			410496		
12	300～350	323.7	367.5	783						1342			493185		
13	350～400	375	410.1	720						940			385494		
14	400～450	426.3	457.7	612						760			347852		
15	450～500	472.6	505.6	501						561			283641.6		
16	500～550	522.6	543.3	371						459			249374.7		
17	550～600	573.6	598.4	262						277			165756.8		
18	600～650	621.9	638.1	253						169			107838.9		
19	650～700	673.2	689.2	225						143			98555.6		
20	700～750	723.9	737.3	137						113			83314.9		
21	750～800	772.5	798.3	97						105			83821.5		
22	800～850	1208.8	1231.9	526						360			443484		
23	合計			10499						10499			4116989.6		
24	注：金額は等価所得で示している。														

⊙ COLUMN　格差を測る指標

　格差を測る統計指標には，ジニ係数の他に，パレート係数，アトキンソン係数などがある。総務省が公表している『全国消費実態調査』の「世帯主の年齢階級別移転支出調整前と調整後の世帯員間格差」などを見ると，ジニ係数（Gini's Coefficient）とともに平均対数偏差（MLD；Mean Log Deviation），平方変動係数（SCV：Squared Coefficient of Variation），アトキンソン係数（Atkinson's Coefficient）の値が示されている。総務省の用語説明を見ると以下のような説明がある（https://www.stat.go.jp/data/zensho/2014/kaisetsu.html）。

　まず，平均対数偏差は，平均収入の対数と各世帯員の収入の対数の差を求めたものであり，高所得層における所得分布の変化に比較的敏感であるといわれる。

　次に平方変動係数は，収入の分散値を平均収入の二乗で除したものである。低所得層における所得分布の変化に比較的敏感であると説明されている。

　アトキンソン係数は，所得格差を前提としてその度合いを考慮に入れた指標であり，平均収入に対して，各世帯員の均等分配所得＊がどの程度下回るか比率で求めたものである。アトキンソン係数は，分布の両極端の動きに敏感であるという特徴を持つ。

　格差の内容はさまざまな統計指標を使わないと実態は見えてこない。

＊実際に存在する所得分布を前提とし，そこからどの程度の社会的厚生（社会全体の幸せ度）が得られるかを計算し，その社会的厚生を再現するにはどれだけの所得を人々に均等に分配できるか逆算することによって求められる所得。

世帯主の年齢階級別移転支出調整前と調整後の世帯員間格差（総世帯）　2004 年［平成 16 年］
年間収入（公的年金・恩給給付を含まない）

	総人口	30 歳未満	30-49 歳	50-64 歳	65 歳以上
平均対数偏差	0.513	0.189	0.170	0.333	1.463
平方変動係数	0.829	0.341	0.441	0.659	3.421
アトキンソン係数	0.401	0.172	0.156	0.283	0.768

レクチャーポイント

❶ 相乗平均（幾何平均）の理解
❷ 寄与度の成長要因分析への応用

スキルチェック

❶ 統計関数（GEOMEAN，ABS）の利用
❷ 2軸上の折れ線と縦棒グラフの作成
❸ 積み上げ縦棒グラフの作成

5-1 | 相乗平均

　本講では，比率の平均に用いられる相乗平均（幾何平均とも呼ばれる）について学ぶ。相乗平均は経済成長率の平均，あるいは人口増減率の平均など，比率で表される指標の平均化に使われる。

　平均にもいろいろな種類がある。以下，本講では，比率の平均に絞って理解を深めたい。

　図表5-1は，A県の生産額の推移を示したものである。生産額がt_1年からt_2年にかけて4兆円から5兆円，t_2年からt_3年にかけて5兆円から9兆円に増加している。生産額の増加率を計算すると，最初の2年間のそれは25%，次の2年間では80%である。それでは，平均増加率は何%になるだろうか？　このような問題を出すと（25%＋80%）÷2　という計算式から52.5%と答える人が多い。しかし，この値を絶対視すると，次のような不都合がある。

4（兆）円×1.525＝6.1（兆）円

6.1（兆）円×1.525≒9.3（兆）円

t_3年の生産額は9兆円を超えてしまう。

図表5-1　A県の年間生産額

	A	B	C
1	A県の年間生産額(単位：兆円)		
2		生産額	増減率(%)
3	t_1	4	
4	t_2	5	25%
5	t_3	9	80%

　それでは，どのようにすればよいのであろうか。このような比率の平均を求める問題を解くには，次のように相乗平均をとる。

$$r=\sqrt{\frac{5}{4}\times\frac{9}{5}}-1=\frac{3}{2}-1=0.5$$

　すなわち，生産額でみたA県の平均増加率は50%である。この平均は相乗平均であるが，その公式の知識がなくとも，この問題を解くことはできる。すなわち，rを平均増加率とすると，次式が成り立つ。

$$4\ 兆円 \times (1+r)^2 = 9\ 兆円$$

$$(1+r)^2 = \frac{9}{4}$$

$$1+r = \pm\sqrt{\frac{9}{4}} = \pm\frac{3}{2} \qquad （ここで負の値は不適）$$

$$r = \frac{1}{2} = 0.5$$

　以上を一般式で表現すると，

$$A \times (1+r)^n = B$$

$$(1+r)^n = \frac{B}{A}$$

$$1+r = \sqrt[n]{\frac{B}{A}}$$

$$r = \sqrt[n]{\frac{B}{A}} - 1 = \left(\frac{B}{A}\right)^{\frac{1}{n}} - 1$$

　相乗平均 G を求める一般式を示すと次の通りである。相乗平均は，もとの式を対数に置き換えたものの相加平均で求められるが，この説明は本講の範囲を超えるのでここでは省略する。

$$G = \sqrt{x_1 \times x_2 \times \cdots \times x_n} = \sqrt[n]{\Pi x_i}$$

　Excel を使えば，この計算は比較的簡単にできる。ひとつの方法は，上記の r を求める式の $\left(\frac{1}{n}\right)$ 乗に着目する計算である。Excel ではべき乗は，「＾」を利用する。例えば，$\left(\frac{B}{A}\right)^{\frac{1}{n}}$ は，計算式バーに「＝(B/A)＾(1/n)」と記入すればよい。

　もうひとつの方法は統計関数の GEOMEAN を使う。以下にその手順を示す。

① 　図表 5-1 の C4，C5 に入力されている 25%，80% の数字を消去し，セルの表示形式を標準に直す。

② 　C4 に「＝B4/B3」の計算式を入力する。

③ 　C4 の計算式を C5 にコピーする。

④ 　C6 をクリックして選択し，数式バー左の f_x（関数の挿入）ボタンをクリックする。

⑤ 　［関数の挿入］ダイアログボックスが開くので，［関数の分類］に "統計"，［関数名］に "GEOMEAN" を選択し，［OK］をクリックする。

⑥ 　［関数の引数］ダイアログボックスが開くので，［数値 1］に「C4:C5」を指定して［OK］をクリックする。

⑦ 　1.5 という数字が表示される。平均増加率は 50% になる。

　図表 5-2 はわが国の国内総生産(支出側)の推移を表したものである。Excel のワークシート上にこの図表を作成，またはダウンロードデータを用い(p. 31 参照)，2005 年から 2019 年までの年次ごとの成長率を求め，あわせて平均成長率を求めなさい。

図表 5-2　国内総生産(暦年，名目)

	A	B	C
1	国内総生産（支出側）・名目暦年		
2		国内総生産(支出側)	成長率
3	単位	10億円	％
4	2005年	524,132.8	
5	2006年	526,879.7	1.0052
6	2007年	531,688.2	1.0091
7	2008年	520,715.7	0.9794
8	2009年	489,501.0	0.9401
9	2010年	500,353.9	1.0222
10	2011年	491,408.5	0.9821
11	2012年	494,957.2	1.0072
12	2013年	503,175.6	1.0166
13	2014年	513,876.0	1.0213
14	2015年	531,319.8	1.0339
15	2016年	535,537.2	1.0079
16	2017年	545,897.4	1.0193
17	2018年	547,125.5	1.0022
18	2019年	554,462.9	1.0134
19		平均成長率⇒	1.0040

▶国内総生産(支出側)

　国内総生産(GDP：Gross Domestic Product)を支出面からとらえたもの。その総額は，国民総所得(GNI：Gross National Income：居住者が 1 年間に得た所得合計で，GDP に海外での純所得を足した数値。かつての GNP。)から「海外での純所得」を差し引いて計算される。国内総生産(支出側)の内訳は，民間最終消費支出，政府最終消費支出，総資本形成，在庫品変動，財貨・サービスの純輸出からなる。

操作手順

◆増減率を求める。 ···

❶ C4 に「＝B4/B3」と計算式を入力する。通常はこの値から 1 を引いたものを成長率という。ここでは GEOMEAN 関数を使用するのに適当な，B4/B3 の計算値のままにしておく。

❷ C4 の計算式を C5:C17 までコピーする。

◆平均成長率を計算する。 ···

❶ C18 をクリックし，統計関数から "GEOMEAN" を選択する(p. 49 参照)。

❷ 「C4:C12」に範囲を指定し，[OK]をクリックする。「1.0040」という答えがでる。この値から 1 を引いた 0.0040，すなわち 0.40％ が 2005 年から 2019 年までの平均経済成長率である。

5-2 | 経済成長の要因分解

SNA(System of National Accounts：国民経済計算)の資料によりながら，経済成長の要因を分析してみよう。寄与度，寄与率は，経済成長の要因分解に応用できる(本稿では寄与度のみを扱う)。

「経済成長率が1%上昇した。何がその主たる要因だったのか」。このような問題に解答を与えるには，全体の増減率とともに，各構成部分の増減率を求めて判断することができる。しかし，それだけでは十分ではない。なぜなら，各構成部分の増減率は，それぞれの部分の変化を見るものであり，全体の動きに関連づけた見方がされていないからである。全体での変化と関連づけると，「小さい部分での増減率が大きくても，全体に対する影響は大きくない」「大きい部分での変化率が小さくても，全体に対する影響は大きい」ということがありうる。

各部分の変化が，全体の変化に対して，どの程度影響を与えているかを示すのが，寄与度・寄与率であることはすでに学んだ。内閣府の国民経済計算では，GDPの総額や成長率とともに，消費や設備投資などの需要がGDPをどれだけ増加させたかを示す寄与度が記載されている。

ここでGDP(Y)は，民間最終消費支出(C)，政府最終消費支出(G)，総資本形成(I)，財貨・サービスの純輸出(E)からなる。これは次の定義式に書き表せられる。

$$Y_t = C_t + G_t + I_t + E_t$$
$$Y_{t-1} = C_{t-1} + G_{t-1} + I_{t-1} + E_{t-1}$$

$Y_t - Y_{t-1}$を$(t-1)$期の国内総生産額で割り，100倍すると次式が得られる。

$$\frac{Y_t - Y_{t-1}}{Y_{t-1}} \times 100 = \frac{C_t - C_{t-1}}{Y_{t-1}} \times 100 + \frac{G_t - G_{t-1}}{Y_{t-1}} \times 100 + \frac{I_t - I_{t-1}}{Y_{t-1}} \times 100 + \frac{E_t - E_{t-1}}{Y_{t-1}} \times 100$$

寄与度は，上の式に見られるような，前期国内総生産に対する，関連するそれぞれの要因の増減額の割合である。その1つひとつが国内総生産の増減率に対する寄与度である。

課題 2

図表5-3は2005年から2019年までの国内総生産(支出側)とその構成項目のデータである。Excelシート上にこの表を作成し，以下の問いに答えなさい。

① 毎年の増減額，増減率，寄与度を計算しなさい。

② ①国内総生産(支出側)[縦棒グラフ]と増減率[折れ線グラフ]の複合グラフ，②寄与度の複合グラフ(積み上げ縦棒グラフ＋折れ線グラフ)を作成しなさい。

※ 民間最終消費支出，政府最終消費支出，総資本形成，財貨・サービスの純輸出[積み上げ棒グラフ]と国内総生産(支出側)[折れ線グラフ]の複合グラフとしなさい。

※ 最新のデータは，内閣府の統計情報関係のサイトから入手できる。https://www.esri.cao.go.jp/jp/sna/menu.html→「国民経済計算(GDP)統計」→「国民経済計算年次推計」→「統計

表一覧」→「フロー編」→「Ⅳ．主要系列表」→「⑴国内総生産（支出側）」→「名目」→「暦年（Excel 方式）」

図表 5-3　国内総生産（支出側）・名目（暦年）

	A	B	C	D	E	F
1	国内総生産（支出側）・名目暦年			単位：１０億円		
2		民間最終消費支出	政府最終消費支出	総資本形成	財貨・サービスの純輸出	国内総生産（実額）
3	2005年	291,543.2	94,958.3	129,720.0	7,911.3	285,671.5
4	2006年	294,443.8	94,590.2	130,395.6	7,450.2	288,421.8
5	2007年	296,034.5	95,414.7	130,175.6	10,063.4	290,123.3
6	2008年	294,952.5	95,600.5	127,824.4	2,338.3	289,102.0
7	2009年	286,312.7	96,111.8	104,379.6	2,696.8	280,474.0
8	2010年	288,956.4	97,527.0	106,562.8	7,307.7	282,864.6
9	2011年	286,254.9	99,204.5	108,617.5	-2,668.4	279,649.7
10	2012年	290,241.7	100,240.9	112,129.6	-7,655.1	283,172.9
11	2013年	296,672.6	101,469.2	116,690.9	-11,657.2	289,446.0
12	2014年	300,083.2	103,561.6	122,899.1	-12,667.9	293,078.2
13	2015年	300,612.1	105,297.1	127,637.2	-2,226.7	293,125.8
14	2016年	298,240.4	106,574.9	125,414.8	5,307.1	290,413.9
15	2017年	302,642.0	107,106.9	131,070.2	5,078.3	294,672.9
16	2018年	304,427.8	108,335.3	133,085.8	1,276.6	296,616.2
17	2019年	305,729.8	110,770.7	136,585.4	1,377.0	297,600.9

▶国民経済計算体系（SNA）

　SNA とは，各国の経済計算の相互比較が可能なように国連が示した経済計算の国際的基準で，経済循環を毎年，体系的に明らかにすることを目的とした統計である。1947 年に発足の国連統計委員会が公表した 53SNA に始まり，1968 年に大幅に改定され，68SNA が公表された。現行の SNA は，1983 年から 10 年におよぶ改訂作業を経て 1993 年に公表された 93SNA である。日本の国民経済計算は，2000 年にこの体系に移行した。

　国連は 2008 年に再び新たな基準（2008SNA）を提唱した。日本では 2016 年に新体系に移行している。

　以下は，現行体系の各項目の内容である。

「**民間最終消費支出**」：最終生産物の取得のために家計と対家計民間非営利団体が支出したもので，現金支出を伴うもののほか，勤労者が現物給与として受け取った食料などが含まれる。

「**政府最終消費支出**」：政府サービス生産者の生産額から，他の部門に販売した額（商品・サービス）を差引いた値である。人件費や物件費などと社会保障基金の給付分からなる。

「**総資本形成**」：企業，政府等の支出のなかで建築物，構築物および機械設備等固定資本ストックの追加と新規耐久財の購入部分である。これは，「総固定資本形成」と「在庫品増加」からなる。

「**財貨・サービスの純輸出**」：文字どおり，「財貨・サービス」の輸出と輸入の差をとったものである。

操作手順 ▼

※　表が以下のように画面をスクロールしなければならないほど大きくなる場合には，表頭の項目を固定しておくと便利である。そのためには，あらかじめ次の手順でウィンドウ枠を固定しておくのがよい。

　B3 にポインタをあて，表示タブの［ウィンドウ枠の固定］→［ウィンドウ枠の固定］（これを解除するときには，［ウィンドウ枠の固定］→［ウィンドウ枠の固定の解除］）。

◆増減額を求める。 ....

❶ A20 に「＜増減額＞」と入力する。

❷ A21：A34 に A3：A17 までの暦年をコピーする。

❸ B21 に「＝B4－B3」と計算式を入力する。

❹ B21 の計算式を C21：F21，さらに B22：F34 にコピーする。

◆増減率を求める。 ....

❶ A36 に「＜増減率＞」と入力する。

❷ A37：A50 に，A3：A17 までの暦年をコピーする。

❸ B37 に「＝(B21/ABS(B3))＊100」と計算式を入力する。

※ 増減率を求めるには通常，比較時の値から基準時の値を差し引いた増減額を，基準時の値で割ればよいが，基準時の値にマイナスの符号がついている場合は，不都合が生じる。例えば，ここで取り上げた国内総生産の「財貨・サービスの純輸出」の項目で，2011 年の値は，－2663.4(10 億円)，2012 年の値は－7655.1（10 億円）と回復している。しかし，その増減率を求める場合に，後者から前者を引き，その値を前者で除すと－79.5 になり，この値はこの場合の増減率ではない。マイナスの符号のついた値になること自体が不自然である。このようなことを避けるためには，増減率計算の分母となる基準時の値を絶対値として計算する。絶対値を求める関数は，ABS である(例：E37 に入力する計算式は「＝(E21/ABS(E3))＊100」)。

❹ B37 の計算式を C37：F37，さらに B38：F50 までコピーする。

図表 5-4　国内総生産(増減額・増減率)

	A	B	C	D	E	F
1	国内総生産（支出側）・名目暦年			単位：１０億円		
2		民間最終消費支出	政府最終消費支出	総資本形成	財貨・サービスの純輸出	国内総生産(実額)
20	＜増減額＞					
21	2006年	2900.6	-368.1	675.6	-461.1	2750.3
22	2007年	1590.7	824.5	-220.0	2613.2	1701.5
23	2008年	-1082.0	185.8	-2351.2	-7725.1	-1021.3
24	2009年	-8639.8	511.3	-23444.8	358.5	-8628.0
25	2010年	2643.7	1415.2	2183.2	4610.9	2390.6
26	2011年	-2701.5	1677.5	2054.7	-9976.1	-3214.9
27	2012年	3986.8	1036.4	3512.1	-4986.7	3523.2
28	2013年	6430.9	1228.3	4561.3	-4002.1	6273.1
29	2014年	3410.6	2092.4	6208.2	-1010.7	3632.2
30	2015年	528.9	1735.5	4738.1	10441.2	47.6
31	2016年	-2371.7	1277.8	-2222.4	7533.8	-2711.9
32	2017年	4401.6	532.0	5655.4	-228.8	4259.0
33	2018年	1785.8	1228.4	2015.6	-3801.7	1943.3
34	2019年	1302.0	2435.4	3499.6	100.4	984.7
35						
36	＜増減率＞					
37	2006年	0.99	-0.39	0.52	-5.83	0.96
38	2007年	0.54	0.87	-0.17	35.08	0.59
39	2008年	-0.37	0.19	-1.81	-76.76	-0.35
40	2009年	-2.93	0.53	-18.34	15.33	-2.98
41	2010年	0.92	1.47	2.09	170.98	0.85
42	2011年	-0.93	1.72	1.93	-136.51	-1.14
43	2012年	1.39	1.04	3.23	-186.88	1.26
44	2013年	2.22	1.23	4.07	-52.28	2.22
45	2014年	1.15	2.06	5.32	-8.67	1.25
46	2015年	0.18	1.68	3.86	82.42	0.02
47	2016年	-0.79	1.21	-1.74	338.34	-0.93
48	2017年	1.48	0.50	4.51	-4.31	1.47
49	2018年	0.59	1.15	1.54	-74.86	0.66
50	2019年	0.43	2.25	2.63	7.86	0.33

◆国内総生産（支出側），増減率の複合グラフの作成 ‥‥‥‥‥‥‥‥‥‥‥‥‥‥‥‥‥‥

❶　新たなシートを用意し，図表 5-3 から 2005 年から 2019 年までの国内総生産，図表 5-2 から求めた同じ時期の増減率のデータを「値」コピー機能を使って一枚の表に収める。

❷　グラフを作成する該当の範囲（A4:C17）をドラッグで反転させる。

❸　［挿入］タブ-［グラフ］グループの［複合グラフの挿入］の［組み合わせ］の "集合縦棒-折れ線" を選択する。

❹　系列名で［系列 1］が "集合縦棒"，［系列 2］が "折れ線" になっていることを確認して［ＯＫ］をクリックする。

❺　棒グラフの増減率を示す部分にポインタをあて，右クリックし，［データ系列の書式設定］を選択。増減率のグラフの種類を "マーカー付き折れ線" に変更し，"第 2 軸" にチェックを入れ，「閉じる」を押す。

	A	B	C
1	<参考>国内総生産・名目(単位：10億円		
2		実額表	増減率
3	2006年	288421.8	0.96
4	2007年	290123.3	0.59
5	2008年	289102	-0.35
6	2009年	280474	-2.98
7	2010年	282864.6	0.85
8	2011年	279649.7	-1.14
9	2012年	283172.9	1.26
10	2013年	289446	2.22
11	2014年	293078.2	1.25
12	2015年	293125.8	0.02
13	2016年	290413.9	-0.93
14	2017年	294672.9	1.47
15	2018年	296616.2	0.66
16	2019年	297600.9	0.33

❻　グラフタイトルを右クリックし，「テキストの編集」を選んで「国内総生産・増減率」と入力し，さらに「凡例」を図表の適当な部分に移動させるなど，グラフの体裁を下の図表を参考に整える。

図表 5-5　国内総生産・増減率の推移

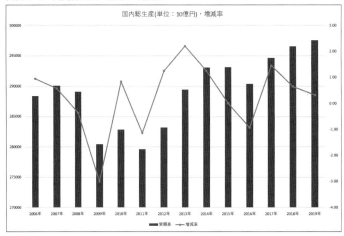

◆寄与度を求める。 ‥‥‥‥‥‥‥‥‥‥‥‥‥‥‥‥‥‥‥‥‥‥‥‥‥‥‥‥‥‥‥‥‥‥‥

❶　元のシート（図表 5-3）に戻り，A52 に「<寄与度>」と入力する。

❷ A53：A66 に，A3：A17 までの暦年をコピーする。

❸ B53 に「＝B21／$F3＊100」と計算式を入力する。

❹ B53 の計算式を C53：F53，さらに B54：F66 までコピーする。

図表 5-6　国内総生産・寄与度

	A	B	C	D	E	F
1	国内総生産（支出側）・名目暦年			単位：１０億円		
2		民間最終消費支出	政府最終消費支出	総資本形成	財貨・サービスの純輸出	国内総生産（実額）
52	＜寄与度＞					
53	2006年	1.02	-0.13	0.24	-0.16	0.96
54	2007年	0.55	0.29	-0.08	0.91	0.59
55	2008年	-0.37	0.06	-0.81	-2.66	-0.35
56	2009年	-2.99	0.18	-8.11	0.12	-2.98
57	2010年	0.94	0.50	0.78	1.64	0.85
58	2011年	-0.96	0.59	0.73	-3.53	-1.14
59	2012年	1.43	0.37	1.26	-1.78	1.26
60	2013年	2.27	0.43	1.61	-1.41	2.22
61	2014年	1.18	0.72	2.14	-0.35	1.25
62	2015年	0.18	0.59	1.62	3.56	0.02
63	2016年	-0.81	0.44	-0.76	2.57	-0.93
64	2017年	1.52	0.18	1.95	-0.08	1.47
65	2018年	0.61	0.42	0.68	-1.29	0.66
66	2019年	0.44	0.82	1.18	0.03	0.33

◆寄与度の複合グラフを作成する。　………………………………………………………………

❶ A2：F2 と A53：F66 を Ctrl キーを押して反転させ，［挿入］タブ-［グラフ］グループの［縦棒グラフの挿入］をクリックする。

❷ ［2-D 縦棒］の "積み上げ縦棒" を選択する。

❸ 棒グラフの「国内総生産」を示す部分にポインタをあて，右クリック。［系列グラフの種類の変更］をクリックし，"マーカー付き折れ線" を選択し，［OK］をクリックする。

＜参考＞　系列グラフの種類の変更

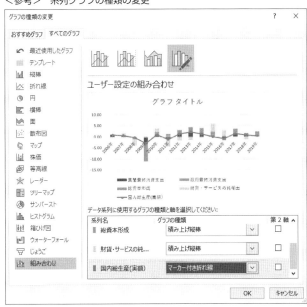

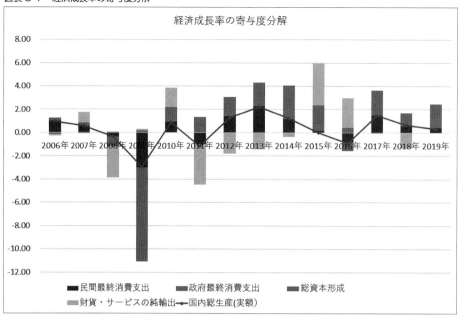

図表5-7　経済成長率の寄与度分解

演習問題

　ダウンロードデータ(p. 31 参照)の「演習」シートを利用し，第5講の課題と同じように増減額，増減率，寄与度を計算し，図表5-7を参考に寄与度をもとに積み上げ縦棒(品目内訳)とマーカー付き折れ線(消費支出)を組み合わせたグラフを作成しなさい。

図表5-8　主要商品の輸出額

	A	B	C	D	E	F	G	H	I	J	K	L
1	暦年						品目内訳					
2		消費支出	食料	住居	光熱・水道	家具・家事用品	被服及び履物	保健医療	交通・通信	教育	教養娯楽	その他の消費支出
3	2000年	3807937	973680	246334	259546	139148	206742	137732	438748	167089	403055	835862
4	2001年	3708649	945571	236217	258353	141453	192605	140785	440263	155231	394016	804154
5	2002年	3671438	939218	239593	254067	132398	185982	140675	441449	154285	387733	796039
6	2003年	3622095	919666	240454	251066	129177	177083	150593	451081	156189	376213	770573
7	2004年	3635703	914712	230797	252143	124814	171777	148002	469820	158781	388807	776049
8	2005年	3606377	902003	231145	257940	125104	169921	157447	466183	149746	384890	761997

出所)　総務省「家計調査」

レクチャーポイント

❶ 多重回帰, 多重回帰係数, 予測値と残差の理解
❷ 決定係数と自由度修正決定係数の理解

スキルチェック

❶ 分析ツール(回帰)の活用
❷ 多重回帰式による要因分解

6−1 多重回帰

6-1-1 最小二乗回帰

第 3 講で国内総生産と環境指標である CO_2 排出量の関係を散布図で捉え,経済活動の規模が CO_2 排出量に与える関係を見るために,国内総生産 X,CO_2 排出量 Y として,$Y = a + bX$ という単回帰式を推定した。

この方法は消費の変動を捉えようとする際にも用いられる。すなわち,消費支出 Y は所得 X の水準に依存して決まってくると考え,これを消費関数 $C = f(YD)$ として定式化し,この関数を具体的に推定することを試みる。そのためには,関数型が特定化されていなければならず,通常 $C = \alpha + \beta \cdot YD$ と特定化し,その係数パラメータ α, β を最小二乗法(least squares method)で推定する。

ただし,消費の大きさは一定期間に得る所得のみに依存するわけでなく,過去の所得の蓄積結果である資産残高にも依存すると考えることもできる。そこで,次のように消費の大きさを所得および資産残高という 2 つの変数の動きで捉えてみることにする。

$$C_i = \alpha + \beta \cdot YD_i + r \cdot W_i + u_i \qquad i = 1, 2, \cdots, n$$

C_i:民間消費, YD_i:国民可処分所得, W_i:正味資産残高, u_i:誤差項

ここでは,第 3 講と同じように関数型は線形式(1 次の式)に特定化してある。さて,こうした場合,係数をどのように推定すべきであろうか。第 3 講に比べ,求めるべき係数が α, β, r と 3 つに増えている。しかし,あわてる必要はない。この場合も,最小二乗法を活用すればよい。最小二乗法とは,実際の値 C_t と関数上の値 $\hat{C}_t$ との差の二乗和を最小にするように直線を定める方法である。

$$L = (C_1 - \hat{C}_1)^2 + (C_2 - \hat{C}_2)^2 + \cdots\cdots + (C_n - \hat{C}_n)^2 \quad \Rightarrow \quad 最小$$

この L を最小にする α, β, r は 1 つだけ存在し,通常,その記号の上にハットをつけて $\hat{\alpha}, \hat{\beta}, \hat{r}$ と表す。そして,これを(最小二乗)回帰係数と呼び,こうして得られた直線を(最小二乗)回帰直線という。また,右辺の変数(説明変数)が複数であることから,こうした回帰式を多重回帰式ないし重回帰式という。

$$C_i = \hat{\alpha} + \hat{\beta} \cdot YD_i + \hat{r} \cdot W_i$$

そして,上の式に各期の YD_i, W_i のデータを当てはめると,この回帰線上の C_i の値が求められる。これを $\hat{C}_i$ と表すことにする。$\hat{C}_i$ は,上記回帰式(一種のモデル式)によって求められる予測値である。

$$\hat{C}_i = \hat{\alpha} + \hat{\beta} \cdot YD_i + \hat{r} \cdot W_i$$

この予測値は実際の値に比べ，多くの場合一定のずれがあり，この両者の差を残差という。

残差　　$\hat{u}_i = C_i - \hat{C}_i = C_i - (\hat{\alpha} + \hat{\beta} \cdot YD_i + \hat{r} \cdot W_i)$

$\hat{\alpha}, \hat{\beta}, \hat{r}$ の導出というと，大変難しい課題に見えるが，これも Excel のデータ分析ツール（回帰分析）を使うと簡単に求められる。その方法を課題①で具体的に見てみよう。

課題 1

図表 6-1 は，国民経済計算（SNA）における民間最終消費と国民可処分所得，家計の期末正味資産残高の結果である（平成 12 年基準）。

この課題はダウンロードデータを使用する（p. 31 参照）。ダウンロードデータ「6 講課題」ファイルの「課題 1」シートを開くと，図表 6-1 の内容が入力されている。民間最終消費を国民可処分所得と正味資産残高で説明する多重回帰モデルを考え，Excel の分析ツールを用いてこれを推定しなさい。

ただし，ここではバブル経済崩壊後の日本経済の状況を見るため，平成 12 年基準 SNA データを用いる。

図表 6-1　民間最終消費と国民可処分所得，正味資産

	A	B	C	D	E	F	G	H	I	J
1	民間最終消費と国民可処分所得　単位；10億円									
2	暦年	民間最終消費支出C	国民可処分所得YD	正味資産W	民間最終消費支出の予測値	残差	民間最終消費の伸び率	国民可処分所得の寄与度	正味資産の寄与度	誤差
3	1980	132246.8	210783.5	878699.5			–	–	–	–
4	1981	140698.1	224257.5	972845.6						
5	1982	151010.7	235290.4	1044395.4						
6	1983	158991.4	243793.6	1113940.6						
7	1984	167154.7	259257.6	1180273.6						
8	1985	176706.7	276796.9	1277847.8						
9	1986	184028.2	288227.2	1511091.0						
10	1987	192604.2	300860.0	1831637.7						
11	1988	203367.0	322684.1	2019835.6						
12	1989	217529.3	343795.1	2321076.5						
13	1990	234703.9	370322.1	2403363.5						

▶新しいデータに置き換える場合のデータの入手先

ここでは回帰分析の適合度の観点で，便宜上旧計数を用いて課題を進めるが，新しい計数に置き換えることも可能である。新しい計数に基づく分析は演習問題で行う。

・民間最終消費支出

【国民経済計算（GDP 統計）】トップページ https://www.esri.go.jp/jp/sna/menu.html ―【最新の四半期別 GDP 速報】の【統計表一覧】―【名目】をダウンロードし，「民間最終消費支出」系列を利用。

・国民可処分所得

【国民経済計算（GDP 統計）】トップページ https://www.esri.go.jp/jp/sna/menu.html ―【国民経済計算年次推計】の【統計表一覧】―【フロー編】の【Ⅳ．主要系列表】―【(2)国民所得・国民可処分所得の分配】の暦年をダウンロードし，「国民可処分所得」系列を利用。

・正味資産データの入手

【国民経済計算（GDP 統計）】トップページ https://www.esri.go.jp/jp/sna/menu.html ―【国民経済計算年次推計】の【統計表一覧】―【ストック編】の【Ⅱ．制度部門別勘定】―

【家計(個人企業を含む)】をダウンロードし,「正味資産」系列を利用。

❶ ダウンロードデータを使用し,「課題1」シートを開く。

❷ [データ]タブ → [分析]グループ → [データ分析] → [回帰分析]を選ぶと,[入力Y範囲][入力X範囲]の入力指定欄のある[回帰分析]ダイアログボックスが出てくる。

❸ [入力Y範囲]についてはC_iのデータ範囲(下表のB列)「B3:B32」を指定する。

❹ [入力X範囲]については,YD_i, W_iのデータ範囲(下表のC列,D列)「C3:D32」を指定する。説明変数については,図表6-1のように列が隣り合うように並べておく必要がある。結果については,$\hat{\alpha}$, $\hat{\beta}$, $\hat{r}$の順に表示される。

＊ [回帰分析]を選択すると,次のようなダイアログボックスが現れるので,[入力Y範囲][入力X範囲]を下図のように指定する。[残差]については必要と思われるところにチェックを入れればよい。ここではそのままでよい。

図表6-1に回帰分析を適用

	A	B	C	D	E	F	G	H	I
1	民間最終消費と国民可処分所得 単位；10億円								
2	暦年	民間最終消費支出C	国民可処分所得YD	正味資産W					
3	1980	132246.8	210783.5	878699.5					
4	1981	140698.1	224257.5	972845.6					
5	1982	151010.7	235290.4	1044395.4					
6	1983	158991.4	243793.6	1113940.6					
7	1984	167154.7	259257.6	1180273.6					
8	1985	176706.7	276796.9	1277847.8					
9	1986	184028.2	288227.2	1511091.0					
10	1987	192604.2	300860.0	1831637.7					
11	1988	203367.0	322684.1	2019835.6					
12	1989	217529.3	343795.1	2321076.5					
13	1990	234703.9	370322.1	2403363.5					
14	1991	246499.3	392001.1	2337048.6					

回帰分析 ダイアログ：
入力元
入力Y範囲(Y): $B$3:$B$32
入力X範囲(X): $C$3:$D$32
□ ラベル(L)　□ 定数に0を使用(Z)
□ 有意水準(O) 95 %
出力オプション
○ 一覧の出力先(S):
● 新規ワークシート(P):
○ 新規ブック(W)
残差
□ 残差(R)　□ 残差グラフの作成(D)
□ 標準化された残差(T)　□ 観測値グラフの作成(I)
正規確率
□ 正規確率グラフの作成(N)
OK　キャンセル　ヘルプ(H)

❺ データ範囲を正しく指定し,[OK]を押すと,瞬時に次ページのような結果が得られる。$\hat{\alpha}$は[切片]と[係数]のクロスしたところ,$\hat{\beta}$は[X値1]と[係数]のクロスしたところ,$\hat{r}$は[X値2]と[係数]のクロスしたところにそれぞれ結果が表示される。

かくして,$\hat{\alpha}=-50201.8$,$\hat{\beta}=1.032033$,$\hat{r}=-0.03973$となり,回帰式は次のようになる。

$$C_i = -50201.8 + 1.032033YD_i - 0.03973W_i$$

これが適合度の高い結果であれば,YD_i, W_iの次期の予想値を当てはめることによって次期の消費の予測値を求めることができる。

データ分析・分析ツール(回帰分析)の適用結果

	A	B	C	D	E	F	G	H	I
1	概要								
2									
3		回帰統計							
4	重相関 R	0.986319							
5	重決定 R2	0.972825							
6	補正 R2	0.970812							
7	標準誤差	9157.59							
8	観測数	30							
9									
10	分散分析表								
11		自由度	変動	分散	測された分散	有意 F			
12	回帰	2	8.11E+10	4.05E+10	483.2872	7.26E-22			
13	残差	27	1	83861454					
14	合計	29	8.33E+10						
15									
16		係数	標準誤差	t	P-値	下限 95%	上限 95%	下限 95.0%	上限 95.0%
17	切片	-50201.8	9963.079	-5.03878	2.74E-05	-70644.3	-29759.2	-70644.3	-29759.2
18	X 値 1	1.032033	0.072302	14.27383	4.25E-14	0.88368	1.180385	0.88368	1.180385
19	X 値 2	-0.03973	0.010448	-3.8027	0.000744	-0.06117	-0.01829	-0.06117	-0.01829

6-1-2　多重回帰式の適合度

　消費の大きさが所得と資産残高に依存して決まってくることは間違いないとしても，これらの変量の動きとの間に厳密に直線的な関係が存在するわけではない。求めた回帰式は，あくまでも用いたデータの限りで得られた最も当てはまりのよい直線ということである。使用するデータの範囲が変われば結果も変わってくる。これは第3講で見た単回帰式の場合と同じである。

　回帰線上の C の値 $\hat{C}_i$ は，$\hat{C}_i = \hat{\alpha} + \hat{\beta} \cdot YD_i + \hat{r} \cdot W_i$ である。回帰線上の C の値 $\hat{C}_i$ と実際値 C_i とはその差がなるべく小さいほうがよく，それが全体として小さいほど回帰式(モデル式)としてはデータへの適合度が高いと見ることができる。そこで，その適合度を計る指標が必要となる。第3講ではこれを決定係数で捉えた。多重回帰式の場合は，これを若干修正して用いる。

決定係数(再掲)

　決定係数は，第3講で見た通り，回帰線上の値 $\hat{Y}_i$ に関する平均からの偏差平方和と実際値 Y_i の平均からの偏差平方和の比率であり，全変動に占める回帰による変動の割合である。回帰線上の値 $\hat{Y}_i$ と実際値 Y_i が近い値をとればとるほど分母と分子が近くなり，完全に一致したとき分母＝分子となり，決定係数は1となる。

$$R^2 = \frac{(\hat{Y}_1 - \bar{Y})^2 + (\hat{Y}_2 - \bar{Y})^2 + \cdots\cdots + (\hat{Y}_n - \bar{Y})^2}{(Y_1 - \bar{Y})^2 + (Y_2 - \bar{Y})^2 + \cdots\cdots + (Y_n - \bar{Y})^2} = 1 - \frac{\sum \hat{u}_i^2}{\sum (Y_i - \bar{Y})^2}$$

自由度修正決定係数

　決定係数は，多重回帰の場合にもそのまま使うことができるが，この決定係数には，説明変数の個数が多くなればなるほどその値が高くなるという特性がある。そこで，説明変数の個数が増えると，一種のペナルティとして，その分，係数値が低くなるようなメカニズムを組み込んで決定係数を再構成することが必要になる。こうして作られたのが，次の自由度修正決定係数 $\bar{R}^2$ である。$\sum \hat{u}_i^2$ が自由度 $n-p-1$ で割られているため，説明変数の個数が増えたからといって，ただちに $\bar{R}^2$ が高くなるわけではない。ここで，n：データの個数，p：説明変数の個数である。

$$\bar{R}^2 = 1 - \frac{\dfrac{\sum \hat{u}_i^2}{n-p-1}}{\dfrac{\sum (Y_i - \bar{Y})^2}{(n-1)}} = 1 - (1-R^2) \cdot \frac{(n-1)}{(n-p-1)}$$

大変複雑な式であるが，これもデータ分析（回帰分析）で簡単に求められる。先に見た図表 6-1 の［回帰分析］の適用結果でいうと，［重決定 R2］の右側に決定係数，［補正 R2］の右側に自由度修正決定係数の結果が示されている。

課題 2

課題 1 で図表 6-1 に基づき，$C_i = \alpha + \beta \cdot YD_i + \gamma \cdot W_i + u_i$ という多重回帰モデルを Excel の回帰分析を用いて求めた。この結果に基づき次の問いに答えなさい。

⑴ 回帰分析の結果について，決定係数と自由度修正決定係数を求めなさい。

⑵ 各年の回帰式による予測値 $\hat{C}_i$ と残差 $\hat{u}_i$ を求めなさい。

⑶ 民間消費の実際値 C_i と回帰式による予測値 $\hat{C}_i$ の推移を同一のグラフ上で折れ線グラフとして示しなさい。

操作手順 ⬇

◆**回帰分析の結果** ....

❶ 図表 6-1 に対する［回帰分析］の適用結果からわかるように，

決定係数 = 0.972825

自由度修正決定係数 = 0.970812

となる。決定係数の場合はマイナスの値をとることはないが，自由度修正決定係数の場合は，説明変数の増加による一種のペナルティーが課される結果，マイナスの値をとることがある。図表 6-1 の場合の結果は次のように表記される。

$$C_i = -50201.8 + 1.032033\,YD_i - 0.03978\,W_i \qquad R^2 = 0.972825 \qquad \bar{R}^2 = 0.970812$$

❷ 「課題 1」シートの E 列に，上の式に YD_i, W_i を代入して民間消費の予測値 $\hat{C}_i$ を求める。図表 6-1 のシートを活用するとよい。残差は $C_i - \hat{C}_i$ である。設問(3)のグラフは簡単に求められる（縦（値）軸の値が見やすいように［軸の書式設定］の「表示形式」の「カテゴリ」で "桁区切り(,)を使用する" にチェックを入れる）。

❸ ［回帰分析］の結果，出力シートの切片から X 値 2 の計数 B17:B19 を「課題 1」シートの C34:C36 にコピーする。

◆**実際値と予測値の比較グラフ** ....

❶ 「課題 1」シートで Ctrl キーを押して，B2:B32 と E2:E32 を選択し，［挿入］タブ－［グラフ］グループ－［折れ線/面グラフの挿入］－［マーカー付き折れ線］をクリックする。

❷ グラフエリアを選んで，［デザイン］タブ－［データの選択］をクリックし，横軸ラベル

の編集ボタンをクリックし，「課題1」シートの A3：A32 を選択し，［OK］ボタンを2回押して閉じる。

❸ ［デザイン］タブ―［グラフのレイアウトグループ］―［クイックレイアウト］―［レイアウト3］を選択する。

❹ グラフを新しいシートに移して図表の様式を整える。図表のフォントを黒にし，図表全体のフォントサイズを拡大して，14以上にする。軸ラベルを入れる。

＊ 以上の設定は課題4の比較グラフでも利用する。

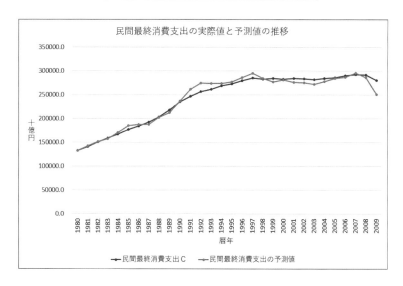

民間最終消費支出の予測値の計算（下図では途中年を非表示）

	A	B	C	D	E
1	民間最終消費と国民可処分所得　単位；10億円				
2	暦年	民間最終消費支出C	国民可処分所得YD	正味資産W(1期のラグ)	民間最終消費支出の予測値
3	1980	132246.8	210783.5	―	
4	1981	140698.1	224257.5	878699.5	139905.8
5	1982	151010.7	235290.4	972845.6	147836.9
30	2007	292523.2	418206.7	2192427.2	296321.3
31	2008	291595.6	404454.1	2162965.9	282058.8
32	2009	279909.6	370337.2	2054478.3	248439.5
33					
34		定数項⇒	-72835.72		
35		YDの係数⇒	1.1437466		
36		W(-1)の係数⇒	-0.049792		

6-2　多重回帰法に基づく要因分解

多重回帰法のメリットは，要因分解法を適用し，データのこれまでの動きの分析を試みることができる点にある。ここでは，民間個人消費 C_t の変動を捉える多重回帰式を考えてみる。説明変数としては，先ほどと同様に，国民可処分所得 YD_t と正味資産 W_t を用いることとする。

$$C_t = \alpha + \beta \cdot YD_t + r \cdot W_t + u_t \qquad t = 1, 2, \cdots, n \qquad u_i：誤差項$$

ここで，C_t の伸び率を求める手続きを踏む。C_t の式から，添字を $t-1$ に代えた式を引く。

$$C_t - C_{t-1} = \beta \cdot (YD_t - YD_{t-1}) + r \cdot (W_t - W_{t-1}) + (u_t - u_{t-1})$$

そして，C_t の対前期伸び率を求めるため，この両辺を C_{t-1} で割ると次のようになる。

$$\frac{C_t - C_{t-1}}{C_{t-1}} = \beta \cdot \frac{YD_t - YD_{t-1}}{C_{t-1}} + r \cdot \frac{W_t - W_{t-1}}{C_{t-1}} + \frac{u_t - u_{t-1}}{C_{t-1}}$$

右辺の 3 つの項は，C_t の伸び率の内訳を表す形になっているから，これを寄与度と呼ぶ。寄与度の構成比をとったものが寄与率である。

　回帰式を使った場合は，先ほどのような定義的恒等式の場合と違って，回帰係数がかかってくることが特徴的である。また，完全に直線上にデータが並ぶことはありえないから，誤差部分が登場することになる。こうして，C_t の伸び率 ＝ YD_t の寄与度 ＋ W_t の寄与度 ＋ 誤差，という関係になる。寄与度，寄与率いずれの場合も，β, r については，最小二乗推定値を使えばよい。

　誤差は右式で求める。　誤差 ＝ C_t の伸び率 － YD_t の寄与度 － W_t の寄与度

課題 3

　図表 6-1，課題 1 で扱った多重回帰モデルをもとに，民間消費 C_t の変動に対する，国民可処分所得 YD_t，正味資産 W_t の変動の寄与度を求め，要因分解グラフを作成しなさい。

操作手順

　図表 6-1 のデータに対する［回帰分析］の適用結果は次の通りであった。

　　$C_i = -50201.8 + 1.032033 YD_i - 0.03973 W_i$ 　　$R^2 = 0.972825$ 　　$\bar{R}^2 = 0.970812$

❶　次図のように，G2:J2 に入力する。

	A	B	C	D	E	F	G	H	I	J
1	民間最終消費と国民可処分所得		単位：10億円							
2	暦年	民間最終消費支出C	国民可処分所得 Y D	正味資産W(1期のラグ)	民間最終消費支出の予測値	残差	民間最終消費の伸び率	国民可処分所得の寄与度	正味資産の寄与度	誤差
3	1980	132246.8	210783.5				－	－	－	－
4	1981	140698.1	224257.5	878699.5	139905.8	792.3	－	－	－	－
5	1982	151010.7	235290.4	972845.6	147836.9	3,173.8	7.330	8.969	-3.332	6.447
6	1983	158991.4	243793.6	1044395.4	153999.8	4,991.6	5.285	6.440	-2.359	4.668
7	1984	167154.7	259257.6	1113940.6	168223.9	-1,069.2	5.134	11.124	-2.178	10.232
8	1985	176706.7	276796.9	1180273.6	184981.6	-8,274.9	5.714	12.001	-1.976	11.466

❷　1980 年は伸び率が計算できないので，G3:J3 に「－」を入力する。

❸　民間最終消費の伸び率　G4 に「＝(B4－B3)/B3＊100」と入力する。

❹　国民可処分所得の寄与度 H4 に「＝(C4－C3)/B3＊$C$35＊100」と入力する。C35 には YD の係数が入っている。

❺　期末正味資産残高の寄与度 I4 に「＝(D4－D3)/B3＊$C$36＊100」と入力する。C36 には W の係数が入っている。

❻　誤差 J4 に「＝G4－H4－I4」と入力する。

❼　1981 年の計算式 G4:J4 を G5:J32 にコピーする。

❽ グラフは，民間最終消費の伸び率，国民可処分所得の寄与度，正味資産の寄与度，誤差の
データ部分「G4：J32」を用いて，積み重ね棒グラフを作成する。凡例項目は「G2：J2」を指
定し，横軸ラベルは1981から2009，つまり「A4：A32」を指定する。

❾ グラフ作成後，グラフの民間最終消費の伸び率の部分を選択し，折れ線グラフに変換する。

作成した下の要因分解グラフを見ると，バブル崩壊した2001年の前後で，民間最終消費の伸
び率が大きく変化していること，また，正味資産の寄与度も大きく変わってきていることがわかる。

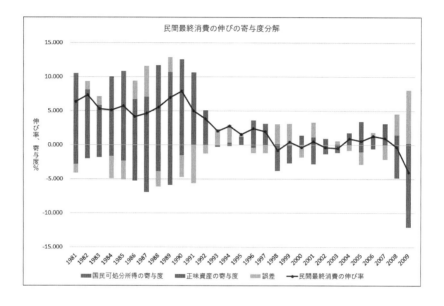

課題 ❹

正味資産の効果は当期よりも1期前の残高のほうが消費に与える影響が大きい可能性も
ある。そこで，1期前の正味資産を使った多重回帰モデルを求め，前述のような寄与度分解
グラフを作成しなさい。

$$C_i + \alpha + \beta \cdot YD_i + \gamma \cdot W_{i-1} + u_i$$

※ このように1期前の値を使うことを1期の時の遅れ（ラグ）を持たせるといい，こうしたモデル
を1期のラグを入れたモデルという。

図表6-1の正味資産に1期のラグを入れた表

	A	B	C	D
1	民間最終消費と国民可処分所得　単位；10億円			
2	暦年	民間最終消費支出C	国民可処分所得YD	正味資産W(1期のラグ)
3	1980	132246.8	210783.5	-
4	1981	140698.1	224257.5	878699.5
5	1982	151010.7	235290.4	972845.6
6	1983	158991.4	243793.6	1044395.4
7	1984	167154.7	259257.6	1113940.6
8	1985	176706.7	276796.9	1180273.6

❶ 1期前の正味資産を用いるということは，前記の表のように図表6-1の正味資産データを1期ごとに翌年にずらせばよい。新たなシートに前記の表を作成する。

❷ ［データ］タブ → ［分析］グループ → ［データ分析］ → ［回帰分析］を選ぶ。1980年の正味資産のデータはなくなるので，データの選択は1981年からとなることに注意する。

❸ ［入力Y範囲］についてはC_iのデータ範囲（B列）「B4:B32」を指定する。

❹ ［入力X範囲］については，YD_i, W_{i-1}のデータ範囲（C列，D列）「C4:D32」を指定する。

❺ 結果は，次のようになる。

$$C_i = -72835.7 + 1.143747YD_i - 0.04979W_{i-1} \qquad R^2 = 0.966404 \qquad \bar{R}^2 = 0.963819$$

❻ ［回帰分析］の適用によって得られた，係数をもとに課題2と同様に民間最終消費の予測値と残差を求める。民間最終消費の実際値と予測値のグラフを図示すると次のようになる。

❼ 同じく得られた係数をもとに課題3と同様に，民間最終消費の伸びに対する国民可処分所得の寄与度，1期のラグのある正味資産の寄与度，誤差を求める。これらを図示すると次のようになる。

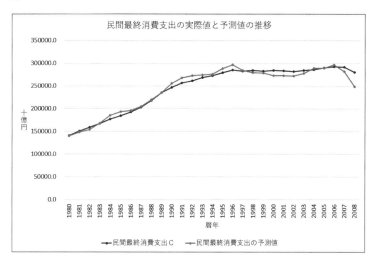

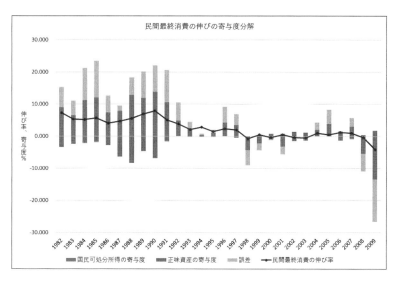

ダウンロードデータを利用する（p. 31 参照）。これは，1994〜2018 年の時系列データである。課題 1〜3 と同じように分析する。

1. 民間最終消費支出を，被説明変数，国民可処分所得と正味資産を説明変数として，多重回帰式を求めなさい。

2. 説明変数の寄与度を求め，要因分解グラフを作成しなさい。さらに表を埋めて，予測値と実績値を比較したグラフを作成しなさい。

3. 課題 1〜3 で求めた結果と比較して，演習問題の結果について論じられることを，300 字程度でシートの余白に論述しなさい。

◉─● COLUMN　最小二乗法によるパラメータの推定

INTERCEPT 関数や SLOPE 関数，分析ツールといった Excel の機能を使うと比較的容易に最小二乗法によるパラメータの推定を行うことができる。しかし，これらのパラメータの推定を行う際，実際にはどのような計算を行っているのだろうか？

いま，n 個のデータの組が観察されたとしよう。このとき，既にみたように最小二乗法では以下で定義される残差の二乗和（以下では S という記号を使って表す）を最小にするような α，β を求める手法である。

$$残差二乗和 \quad S = \sum_{i=1}^{n} (Y_i - \alpha - \beta X_i)^2$$

ここで上に示した式に注目すると，残差二乗和はパラメータ α，β に関する 2 次曲線とみなすことができるので，その最小値は，接線の傾きが 0 となる点として求めることができる。したがって残差二乗和を最小にするパラメータは，上の式を α，β について偏微分して 0 とおいた以下の式を解くことによって求められる。

$$\frac{\partial S}{\partial \alpha} = -2 \sum_{i=1}^{n} (Y_i - \alpha - \beta X_i) = 0$$

$$\frac{\partial S}{\partial \beta} = -2 \sum_{i=1}^{n} X_i (Y_i - \alpha - \beta X_i) = 0$$

この 2 元連立方程式を解いたものが最小二乗法によるパラメータの推定値 $\hat{\alpha}$，$\hat{\beta}$ となる。

$$\hat{\beta} = \frac{\mathrm{cov}(X_i, Y_i)}{\mathrm{var}(X_i)}, \qquad \hat{\alpha} = \bar{Y} - \hat{\beta}\bar{X}$$

ただし，$\bar{Y}$，$\bar{X}$ はそれぞれ Y と X の平均を表す。また，$\mathrm{var}(X_i)$ は X の分散，$\mathrm{cov}(X_i, Y_i)$ は X と Y の共分散であり，次のように定義される。

$$\mathrm{var}(X_i) = \frac{1}{n} \sum_{i=1}^{n} (X_i - \bar{X})^2$$

$$\mathrm{cov}(X_i, Y_i) = \frac{1}{n} \sum_{i=1}^{n} (X_i - \bar{X})(Y_i - \bar{X})$$

第3編

経営・会計分野での応用

企業動向調査の結果を分析する

レクチャーポイント
❶ 調査票作成の基礎の理解
❷ 調査票をもとにした個票データの作成
❸ 集計方法についての理解

スキルチェック
❶ IFS 関数の利用
❷ COUNTIF 関数の利用
❸ ピボットテーブルの利用

7−1　調査の基礎

7-1-1　調査の目的と秘匿義務

調査の目的

　既存の統計資料(基本的には公表用に集計された 2 次データ)では得られない情報を得るために，さまざまな統計調査や意識調査が行われている。調査票と呼ばれる回答用紙を作成し，回答者自身に自計記入してもらう，あるいは，調査員が聞き取り記入をするなどして得た結果を集約し，調査対象の特性や意識を捉えようとするものである。

　調査の目的は，国や自治体の政策形成，選挙結果の予測，企業の自社製品のニーズや売れ筋探索などさまざまである。国の調査でいえば，国勢調査や経済センサスのように構成員全員を対象に実施する全数調査もあるが，その多くは，構成員全員(母集団)から無作為に対象を選び出した標本を対象とする標本調査である。標本調査は，その回答内容から母集団全体を推し量ることを目的としている。標本調査は，地方自治体や民間調査会社などにおいても行われている。テレビの視聴率調査や選挙予測調査などがそうである。

調査結果の秘匿義務

　調査は，調査対象の特性や意識を総体として捉えようとするのであり，個々の回答をあれこれ詮索するためではない。調査実施主体は，1 つひとつの回答への秘匿義務を負い，個々の結果を決して漏らしてはならない。これは，そのことが法律で課されている国や地方自治体の統計調査のみならず，世論調査など一般のアンケートにおいてもそうである。

調査票の構成

　質問の順序，質問の仕方は，結果に大きな影響を与える。特に，誘導的な質問が含まれていると，結果に大きなバイアスがかかり，かえって調査主体の意思決定を誤らせることになる。調査票の構成においては，誘導型にならない配慮をするとともに，次のような点にも注意しなければならない。

①フェイス部

　性別，年齢層，業種，企業規模など回答者の属性について把握するための設問。調査目的との関係で分析上必要となる項目である。ただし，詳しすぎると回答が敬遠されるので注意しなければならない。

②一般的質問から具体的質問へ

　調査への回答は負担を伴うものであり，わかりやすい一般的質問から始めて，順次本題に入ることが望ましい。

③事実関係質問から意識関係質問へ

　意識調査の場合，関連する事実について聞き，客観化し，冷静に答える意識を整えてから本題に入ることが望ましい。

設問のタイプ

　設問のタイプとしては，大きくはプリコード設問（選択肢付き設問）と自由記述型設問に分けられる。また，プリコード設問は，単数選択式設問と複数選択式設問に分けられる。

①単数選択式設問

　二択の設問と多項目選択肢から１つを選ぶ設問に分けられる。いずれも回答が容易な方式であるが，選択肢をきちんと吟味し，回答に迷わないようにすることが大事である。

②複数選択式設問

　多項目選択肢から複数の回答を許す方式である。この場合，回答数の上限を設けない場合と設ける場合に分けられる。後者については，順位を付して回答を求める場合とそうでない場合に分けられる。

　複数回答の選択肢の場合，各回答の構成比をとるときには注意が必要である。例えば10の選択肢のうち３つまで回答可というケースを考えると，３つとも回答している調査票，１ないし２つ回答の調査票，未回答の調査票に分かれる。こうした場合，一般的には，１つ以上回答した回答数を分母にして構成比を求める。

③数量記述方式の設問

　年齢，資本金，図書館利用回数など，実際の数値で記入を求める設問である。これを一定の階級区分でカテゴライズして，単数選択方式の設問に変えることも行われる。

④自由記述型設問

　テーマを提示して，文字通り自由に記入してもらう設問である。記入ボリュームについては記入スペースの取り方で判断してもらうことが多い。また，記述結果を見て，キーワードをもとにカテゴライズして集計することも多い。

7-2 | 調査票の実際

調査票の例

図表 7-1 は企業に対して四半期で実施されている企業動向調査の調査票の一部である。

図表 7-1　全国企業動向調査・調査票

全国企業動向調査　2020 年 4-6 月期

【1】 貴社の概要について
　　都道府県コード［　　　］，正規従業員数（　　　　）人，業種コード［　　　　］

【2】 貴社の売上および業況判断(該当する番号に○を付してください。)
　　①今期の売上の増減(昨年の同期と比べて) ……（1.増加　2.横ばい　3.減少）
　　②今期の業況判断(昨年の同期と比べて) ………（1.好転　2.不変　3.悪化）

【3】 経営上の力点(下記より上位 3 つまで選び，番号に○を付して下さい。)
　　〔1.付加価値の増大　2.新規受注(顧客)の確保　3.人件費節減　4.人件費以外の経費節減
　　5.財務体質の強化　6.機械化促進　7.情報力強化　8.人材確保　9.社員教育　10.新規事業
　　の展開　11.得意分野の絞り込み　12.研究開発　13.機構改革　14.その他〕

【4】 貴社の経営指針(理念・方針・計画)について(該当する番号に○を付してください。)
　　①経営理念・方針・経営計画(単年度)はありますか。……（1.ある　2.ない）

---

*　中小企業家同友会全国協議会が実施した調査の一部である。

調査票の質問のタイプ

　上記調査票のうち，【1】の正規従業者数は人数で答える数量回答の設問である。その他は選択肢の番号で回答する選択回答設問となっている。

　選択回答設問のうち，【3】は複数の回答を選ぶ MA 回答(Multipul Answer)設問で，それ以外は，1 つだけ回答を選ぶ SA 回答(Single Answer)設問となっている。【1】の都道府県コードは 47 の選択肢があり，業種コードは 20 の選択肢が調査票上に用意されている。この点は後に示したい。【2】，【4】は 1 つのみ選択である。この調査に対し 941 社から回答が得られたとする。

7-3 | 調査票の集計

　回答のあった 941 枚の調査票が手元にあるとする。調査票のまま回答を数え上げたり，電卓で計算するわけにはいかないので，回答内容を Excel シート等に落とし込む。図表 7-2 はその例である。表頭に質問項目名が記入されている。K〜M 列は新規に作成する列である。

図表 7-2　全国企業動向調査(回答数 941)

	A	B	C	D	E	F	G	H	I	J	K	L	M
1	サンプル番号	県コード	業種コード	正規従業者数	売上（前年同期比）	業況（前年同期比）	経営上の力点	経営上の力点	経営上の力点	経営指針の有無	4業種分類	6地域分類	規模別分類
2	1	1	15	27	3	3	1	7	11	2			
3	2	1	7	15	3	3	1	4	9	2			
4	3	1	15	30	3	3	1	4	9	2			
5	4	1	16	23	1	1	1	7	9	1			
6	5	1	1	30	2	2	2	4	5	1			

7-3-1　フィールドとレコード

　図表 7-2 は調査票に記入された内容を順次入力したものである。1 つの回答者の回答内容が，それぞれ 1 つの行に入力されている。1 番目の回答者(第 1 サンプル)の回答内容が 2 行目である。この 1 つひとつの行のことをレコードという。これに対し，各質問項目の回答は縦方向の列に入力されている。これをフィールドという。表頭の質問項目名を**フィールド名**という。未記入の回答には「―」が入力されている。

　この表の G 列を見るとわかるように，MA 回答である経営上の力点については，G～I 列の 3 列に渡って入力されている。回答が 3 つ未満の場合は，左側の列から順に入力し，選択された回答が 1 つもない場合は，G 列のセルに"―"が入力されている。

課題 1

　図表 7-2 のダウンロードデータ(第 7 講データ.xlsx)を使い(p. 31 参照)，以下の問いに答えなさい。調査票にない選択肢名(カテゴリー名)は，図表 7-3 のコード対応表の通りであり，これは同ファイルのカテゴリーシートにまとめられている。

図表 7-3　各カテゴリー名とコード対応表

	A	B	C	D	E	F
1	都道府県名	6地域分類	都道府県名	6地域分類	20業種分類	4業種分類
2	1北海道		25滋賀		1総合工事業(官公需中心)	
3	2青森		26京都	4近畿	2総合工事業(民需中心)	1建設業
4	3岩手		27大阪		3職別工事業	
5	4宮城	1北海道・東北	28兵庫		4設備工事業	
6	5秋田		29奈良		5食料品等製造業	
7	6山形		30和歌山		6繊維工業・繊維製品等製造業	
8	7福島		31鳥取		7木材・木製品等製造業	
9	8茨城		32島根		8印刷・同関連産業	
10	9栃木		33岡山		9化学・石油製品等製造業	2製造業
11	10群馬		34広島		10鉄鋼・非鉄金属製造業	
12	11埼玉	2関東	35山口	5中国・四国	11金属製品製造業	
13	12千葉		36徳島		12機械器具製造業	
14	13東京		37香川		13その他の製造業	
15	14神奈川		38愛媛		14ソフトウエア製造業	
16	15新潟		39高知		15運輸通信業	
17	16富山		40福岡		16卸売業	3流通・商業
18	17石川		41佐賀		17小売業	
19	18福井		42長崎		18飲食業	
20	19山梨	3北陸・中部	43熊本	6九州・沖縄	19不動産業	4サービス業
21	20長野		44大分		20サービス業	
22	21岐阜		45宮崎			
23	22静岡		46鹿児島			
24	23愛知		47沖縄			
25	24三重					

(1) 図表 7-2 の C 列の業種コード(20 業種)をもとに，1.建設業，2.製造業，3.流通・商業，4.サービス業の 4 業種分類コードを作り，そのコード番号(数字)を K 列に示しなさい。

(2) D 列の正規従業者数の数値をもとに，1.20 人未満，2.20 人以上 50 人未満，3.50 人以上 100 人未満，4.100 人以上という規模別分類コードを作り，そのコード番号(数字)を M 列に示しなさい。

(3) B 列の県コード(47 都道府県)をもとに，1.北海道・東北，2.関東，3.北陸・中部，4.近畿，5.中国・四国，6.九州・沖縄という 6 地域分類コードを作り，そのコード番号(数字)を L 列に示しなさい。

操作手順

(1) 4 業種コードの作成

◆ IFS 関数

IF 関数は，1 つの論理式の結果に応じて，真の場合あるいは偽の場合の結果を返す論理関数である。IFS 関数は，複数の論理式の結果に応じて，最初の条件式から順番に，真の場合に対応する結果を返す論理関数である。IFS 関数を利用すると，IF 関数を重層的にネストした場合の複数の条件を，より簡単に設定することができる。IFS 関数の入力部分は，

IFS（論理式 1，論理式 1 の値が真の場合，論理式 2，論理式 2 の値が真の場合，論理式 3，論理式 3 の値が真の場合，…）

のような形をとる。

◆業種未回答の処理

業種欄には未回答(不明)というケースがある。未回答は「―」で表示されている。20 業種で業種不明の場合は，4 業種でも業種不明としておかなければならない。そこで 20 業種分類の 4 業種分類への変換の前に，この業種未回答への対応をしておかなくてはならない。

❶ セル K2 で，[数式タブ] → [関数の挿入]ダイアログボックスの[関数の分類]で "論理"，[関数名]で "IFS" を選択し，[OK]を押す。

❷ 関数の引数ダイアログボックスで，

　　論理式 1 　　　　：C2 = " ― "
　　値が真の場合 1：" ― "

と入力し，[OK]を押す。

◆ 20 業種コードから 4 業種コードを作成する

20 業種分類の「1.総合工事業(官公需中心)」～「4.設備工事業」までが，4 業種分類の「1.建設業」になる。そこでセル C2 の数値が 4 以下，すなわち 5 未満であれば，セル K2 に 1 が返されるようにする。このようになるように，セル K2 で，IFS 関数の[関数の引数]ダイアログボックスに論理式 2 以降を入力する。

❶ セル K2 で，IFS 関数の[関数の引数]ダイアログボックスに，前述の業種未回答の処理（論理式 1：C2 = " ― "，値が真の場合 1：" ― "）が入力されていることを確認する。

❷ 関数の引数ダイアログボックスの論理式 2 以降に，

　　論理式 2 　　　　：C2＜5

値が真の場合2：1

と入力する（まだ［OK］は押さない）。

これで，4業種分類の「1. 建設業」の処理ができたことになる。

　同様に，20業種分類の「7. 木材・木製品等製造業」〜「14. ソフトウェア製造業」までが，4業種分類の「2. 製造業」になる。そこでセルC2の数値が14以下，すなわち15未満であれば，セルK2に2が返されるようにする。

　❸　セルK2で，IFS関数の［関数の引数］ダイアログボックスの論理式3以降に，

　　　論理式3　　　：C2＜15

　　　値が真の場合3：2

　と入力する（まだ［OK］は押さない）。

これで，4業種分類の「2. 建設業」の処理ができたことになる。

　同様に，20業種分類の「15. 運輸通信業」〜「17. 小売業」までが，4業種分類の「3. 流通・商業」になる。そこでセルC2の数値が17以下，すなわち18未満であれば，セルK2に3が返されるようにする。

　❹　セルK2で，IFS関数の［関数の引数］ダイアログボックスの論理式4以降に，

　　　論理式4　　　：C2＜18

　　　値が真の場合4：3

　と入力する（まだ［OK］は押さない）。

これで，4業種分類の「3. 流通・商業」の処理ができたことになる。

　同様に，20業種分類の「18. 飲食業」〜「20. サービス業」までが，4業種分類の「4. サービス業」になる。そこでセルC2の数値が18以上であれば，セルK2に4が返されるようにする。

　❺　セルK2で，IFS関数の［関数の引数］ダイアログボックスの論理式5以降に，

　　　論理式5　　　：C2＞＝18

　　　値が真の場合4：4

　と入力し，［OK］を押す。

これで，4業種分類の「3. 流通・商業」の処理ができ，20業種コードから4業種コードの全てが作成できたことになる。

◆ IF 関数の重層的利用（ネスト） ……………………………………………………………………

　上記ではIFS関数を利用した方法を示した。Excel 2016以前ではIFS関数が使用できない。その場合は，IF関数の中にIF関数を組み込むこと（IF関数のネスト）で，課題1の処理ができる。この場合のセルK2の式は次のようになる。

　　　IF（C2＝"－"，"－"，IF（C2＜5，1，IF（C2＜15，2，IF（C2＜18，3，4））））

　入力方法としては，IF（C2＜5，1，2）をまず作り，偽の場合の「2」を消して，代わりに新たなIF関数を挿入する。あるいは，数式バー上で手入力して完成させてもよい。

(2)　従業員規模コードの作成，(3)　6地域コードの作成

　上に見た4業種コード作成方法と同様である。従業員数は数値データであるが，IFS関数の利用に関しては4業種コード作成と同じである。6地域コードも，4業種コードと同様に作成できる。

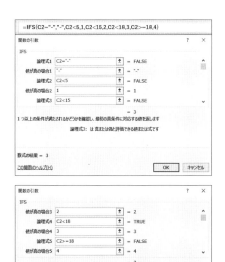

=IFS(C2="-","-",C2<5,1,C2<15,2,C2<18,3,C2>=18,4)

図表7-4　全国企業動向調査（課題1）の結果

A サンプル番号	B 県コード	C 業種コード	D 正規従業者数	E 売上（前年同期比）	F 業況（前年同期比）	G 経営上の力点	H 経営上の力点	I 経営上の力点	J 経営指針の有無	K 4業種分類	L 6地域分類	M 規模別分類
1	1	15	27	3	3	1	7	11	1	3	1	2
2	1	7	15	3	3	1	4	9	2	2	1	2
3	1	15	30	3	1	1	7	9	2	3	1	2
4	1	16	23	1	1	1	7	9	1	3	1	2
5	1	1	30	2	2	2	4	5	1	1	1	2
6	1	15	30	1	1	1	3	5	2	3	1	2
7	1	18	55	2	2	2	3	9	2	4	1	3
8	1	15	12	3	3	1	7	2	2	3	1	2
9	1	19	80	3	3	1	3	5	1	1	1	3
10	1	16	45	2	2	1	2	-	1	3	1	2
11	1	19	46	2	2	5	7	9	2	4	1	3
12	1	15	20	1	2	1	2	-	1	3	1	2
13	1	1	38	2	3	2	9	10	1	1	1	3
14	1	16	10	3	2	1	3	9	2	3	1	1
15	1	16	40	3	3	-	-		1	3	2	-
16	1	15	-	1	2	9	10		2	3	1	-
17	1		50		2	1	3	5		2	1	3

課題 2

　経営上の力点について，各選択肢の回答数をカウントした単純集計結果を求めなさい。1つ以上回答した企業数を分母として，各選択肢の回答数の割合%（構成比）を求めなさい。

操作手順

◆基本的考え方

　下図のような集計上の枠組みを図表7-2のデータシート上に作成する。経営上の力点の各選択肢の番号がG2:G942，H2:H942，I2:I942の各セルに記入されている。「1. 付加価値の増大」であれば，このG2:I942の範囲にいくつ1という数字が含まれているかを数えると，その回答数がわかる。こうした数え上げの際に用いられるのが，COUNTIF関数である。基本式はCOUNTIF（範囲，検索条件）である。

◆検索条件，範囲の工夫

　COUNTIF関数で回答数を数えるといっても，Q2からQ15のセルに1つひとつCOUNTIF関数を挿入するのは大変である。セルQ2にCOUNTIF関数の式を1つ作り，あとはその式をQ3からQ15にコピーして求めることができるとよい。

　ただし，そのためには，コピーすることによって検索条件が当該カテゴリーの番号に一致するように変化していかなければならない。逐一数字を指定せずにこれを行うには，どこかのセルを読み込む形にしておけばよい。そ

N	O コード番号	P 経営上の力点	Q 回答数	R 構成比
	1	付加価値の増大		
	2	新規受注（顧客）の確保		
	3	人件費節減		
	4	人件費以外の経費節減		
	5	財務体質強化		
	6	機械化促進		
	7	情報力強化		
	8	人材確保		
	9	社員教育		
	10	新規事業の展開		
	11	得意分野の絞り込み		
	12	研究開発		
	13	機構改革		
	14	その他		
		1つ以上回答した企業数		

こで，セル O2:O15 にコード番号を入力し，これを活用する。

　また，回答数を数え上げる対象範囲については，Q2 の式を Q3 から Q15 にコピーしても変わらないように絶対参照指定をしておく。

◆ COUNTIF 関数の適用 ……………………………………………………………………

　セル Q2 に入力する関数は，COUNTIF($G$2:$I$942, O2) となる。実際に入力すると 453 という回答数が得られる。セル Q2 の式をセル Q3 にコピーすると，COUNTIF($G$2:$I$942, O3) となり，検索条件が変化し，「2. 新規受注(顧客)の確保」の回答数が 576 と得られる。以下同様である。

◆ 回答数のカウントと構成比 ……………………………………………………………

　こうした複数回答(MA 回答)の場合，構成比は 1 つ以上回答した企業数を分母にすると，回答社数に占める割合がつかめて便利である。1 つ以上回答した企業数は，全体 941 から G2 から G942 にある「-」の数を引くことで求められる。というのは，G 列に「-」が入っている企業は，経営上の力点について 1 つも答えていない企業だからである。

　セル Q16 に，「= A942-COUNTIF(G2:G942, "-")」という式を入れると求められる。これを分母にして構成比を求める。

	O	P	Q	R	S	T
	コード番号	経営上の力点	回答数	構成比		
2	1	1.付加価値の増大	453	49.3		
3	2	2.新規受注(顧客)の確保	576	62.7		
4	3	3.人件費節減	58	6.3		
5	4	4.人件費以外の経費節減	139	15.1		
6	5	5.財務体質強化	252	27.5		
7	6	6.機械化促進	33	3.6		
8	7	7.情報力強化	119	13.0		
9	8	8.人材確保	153	16.7		
10	9	9.社員教育	370	40.3		
11	10	10.新規事業の展開	174	19.0		
12	11	11.得意分野の絞り込み	100	10.9		
13	12	12.研究開発	73	8.0		
14	13	13.機構改革	22	2.4		
15	14	14.その他	15	1.6		
16		1つ以上回答した企業の数	918	100.0		

Q2 のセルの数式バー：=COUNTIF($G$2:$I$942,O2)

課題 ③

(1) 図表 7-2 の業況(前年同期比)の F 列のフィールドには，前年同期と比べた業況変化についての回答が記入されている。好転していれば 1，横ばいなら 2，悪化していれば 3 である。ピボットテーブルを利用して，課題 1 で作成した 4 業種コードを用い，4 業種×業況(前年同期比)のクロス集計を行いなさい。

(2) 上記クロス集計結果をもとに，業種ごとに好転マイナス悪化の割合% を求めなさい。その際，分母にとる合計数は，好転，横ばい，悪化の回答数の合計とし，不明回答は除くこととする。

※　この指標は対象企業の全体的な業況を簡単に捉える方法で，ディフュージョンインデックス（DI 値）と呼ばれ，景況調査（ビジネスサーヴェイ）において広く用いられている。

▶DI 値（ディフュージョンインデックス）とは

調査票の設問の【2】に，今期の売上の増減（1. 増加　2. 横ばい　3. 減少），今期の業況判断（1. 好転　2. 不変　3. 悪化）という問いがある。いずれの問いについても，各選択肢の回答数，回答割合を求めることができるが，回答の分布状況を捉えるために，［1. 増加］と回答した割合から［3. 減少］と回答した割合を引いた値% を指標値として用いることがある。この値を DI 値という。

例えば，よく知られている企業動向調査に日本銀行の『全国企業短期経済観測』（四半期調査）があるが，ここでは，調査期における企業の業況の（1. 良い　2. 普通　3. 悪い）が問われている。この調査の場合も，（良い－悪い）の割合% がとられており，景気の判断指標として，その結果の動向に大きな関心が寄せられている。

操作手順

❶　K 列から M 列までの新データを作成した後の図表 7-2 で，フィールド名およびデータ部 A1:M942 を選択して反転させ，［挿入］タブ→［テーブル］グループ→［ピボットテーブル］を選ぶ。［ピボットテーブルの作成］ダイアログボックスで，［テーブルまたは範囲を選択］の［テーブル／範囲］については使用するデータ範囲が選ばれていることを確認する。

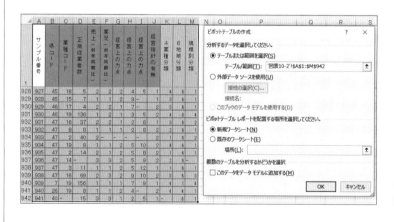

❷　次に，［ピボットテーブルを配置する場所を選択してください］で "新規ワークシート" にチェックを入れ，［OK］をクリックする。そうすると，［ピボットテーブルのフィールド］ダイアログボックスが現れる。

❸ ［ピボットテーブルのフィールド］ダイアロボックスの下段に［フィルター］［行］［列］［Σ値］という４つの領域がある。ここに上段にあるフィールドリストからフィールドを選び，各領域へドラッグする。

　　ここでは "4業種分類" を［行］へ，"業況（前年同期比)" を［列］へ，"サンプル番号" を［Σ値］へドラッグする。

　　そうすると次表のような集計結果が得られる。表側の１～４の番号は４業種分類のカテゴリー名である。表頭の１～３は業況判断（前年同期比）のカテゴリー名である。表内の数字はサンプル番号の合計値である。

❹ 表内の数値はサンプル番号の合計値ではなく，サンプル数でなければならない。そこでこれを個数に変更する。［Σ値］の "合計/サンプル番号" をクリックした後，"値フィールドの設定" を選択する。［値フィールドの設定］ダイアログボックスの［集計方法］タブで "個数" を選び，［OK］をクリックする。

3	合計 / サンプル番号	列ラベル				
4	行ラベル	1	2	3	-	総計
5	1	20504	34506	18763	2669	76442
6	2	70897	58865	40999	2872	173633
7	3	28779	37735	28723	2986	98223
8	4	41863	30347	20761	1001	93972
9	-				941	941
10	総計	162043	161453	110187	9528	443211

値フィールドの設定　　　　　？　×

ソース名：サンプル番号

名前の指定(C)：個数 / サンプル番号

集計方法　　計算の種類

値フィールドの集計(S)

集計に使用する計算の種類を選択してください

選択したフィールドのデータ

合計
個数
平均
最大
最小
積

表示形式(N)　　　　　　　　OK　　キャンセル

　　そうすると，表内の数値がサンプルの個数に変わる。

❺ 図表7-2のデータがカテゴリー名ではなくカテゴリー番号となっているため，行ラベル，列ラベルにはカテゴリー番号が表示されている。しかし，カテゴリー番号では何を指すかわからないので，それぞれにカーソルを合わせてカテゴリー名を入力する。

データの個数に変更

3	個数 / サンプル番号	列ラベル				
4	行ラベル	1	2	3	-	総計
5	1	40	70	43	6	159
6	2	145	128	93	8	374
7	3	68	94	64	6	232
8	4	72	61	38	4	175
9	-				1	1
10	総計	325	353	239	24	941

❻ 集計結果に項目名とカテゴリー名を入力し，列幅調整を行ったのが右の２段目の図である。この図でDI値を求めようとすると，各セルからリンクが張られていて操作が煩雑になるので，このテーブルの範囲を次ページの１段目の図のように値コピーをする。その上で，DI値欄を設ける。

行ラベルに変数名を入力

3	データの個数 / サンプル番号	列ラベル				
4	行ラベル	好転	横ばい	悪化	-	総計
5	建設業	40	70	43	6	159
6	製造業	145	128	93	8	374
7	流通・商業	68	94	64	6	232
8	サービス業	72	61	38	4	175
9	無回答				1	1
10	総計	325	353	239	24	941

❼ セル G13 に，DI 値の算式を入力する。「 = (B13 − D13)/SUM(B13 : D13) ＊ 100」

G13 の式を G14 : G16，G18 にコピーする。こうして，業種別の業況 DI 値が得られる。

DI 値は好転企業が多いほどプラスの高い値となる。全企業が好転であると+100 となる。逆に悪化企業が多いほど低い値となり，全企業が悪化であると − 100 となる。好転企業と悪化企業が同数の場合は 0 である。

12	行ラベル	好転	横ばい	悪化	−	総計	DI値
13	建設業	40	70	43	6	159	−1.96
14	製造業	145	128	93	8	374	14.21
15	流通・商業	68	94	64	6	232	1.77
16	サービス業	72	61	38	4	175	19.88
17	無回答				1	1	
18	総計	325	353	239	24	941	9.38

簡単な指標であるが業況感の違いが簡単に捉えられる。日本銀行『全国企業短期経済観測』（いわゆる日銀短観）などの企業動向調査では，景気動向を捉える指標としてこの DI 値が必ず試算されている。

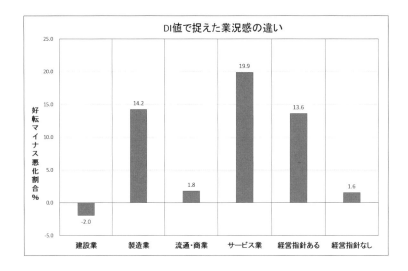

演習問題

1. 図表 7-2 のデータをもとに，規模別分類×業況（前年同期比）のクロス集計を行い，DI値を求めなさい。

2. 課題 3 と同様の試みを，4 業種別×売上（前年同期比）に対して行いなさい。

第 8 講 損益分岐点を算出する

8-1 | 損益分岐点

　企業は利益を生み出すために存在し，毎期，利益を出せるような計画を設定する。この利益計画においては損益分岐点分析が重要となる。製品を何個以上売れば利益が出るのか，原価が上がった場合は何個売らなければ利益が出ないのか等を検討するためである。ここで，損益分岐点とは，売上高と費用の額がちょうど等しくなる売上高あるいは販売数量を指す。つまり，損益ゼロの状態である。

　費用には，売上高の増減に比例して増減する変動費と，売上高の増減に関係なく一定額発生する固定費という2種類がある。実際にはこのように単純に2種類に分けられるわけではないが，便宜上，すべての費用を変動費と固定費に分類する。

　変動費の例として，商品(棚卸資産)，材料費，外注加工費等があり，固定費の例として，減価償却費，賃借料，地代等がある。縦軸に金額，横軸に生産数量をとったグラフでこれらを示すと図表8-1の通りであり，違いがはっきりわかる。

図表8-1　変動費と固定費

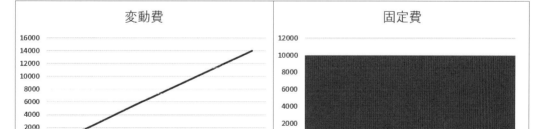

　損益分岐点は，グラフを作成することによってより容易に理解できる。図表8-2は損益分岐点グラフと呼ばれるものである。

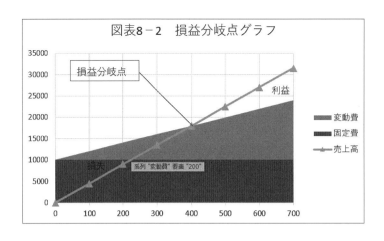

図表8-2　損益分岐点グラフ

課題 ❶ 損益分岐点の計算とグラフの作成

　R 社では製品 A を製造・販売している。原材料を中心とする変動費は@20 ドル，製造設備の減価償却費を中心とする固定費は 10,000 ドルである。製品 A の販売単価は@45 ドルである。

① 　図表 8-3 のデータをダウンロードし(p. 31 参照)，図表 8-4 のように完成させなさい。

② 　損益分岐点を計算しなさい。

③ 　総費用のグラフを作成しなさい。

④ 　損益分岐点グラフを作成しなさい。

図表 8-3　損益分析データ（未完成）

	A	B	C	D	E	F	G	H	I
1								（単位：ドル）	
2	生産量	0	100	200	300	400	500	600	700
3	固定費	10000							
4	変動費	0	2000						
5	売上高	0	4500	9000					

操作手順

(1)　図表 8-4 の完成

◆図表 8-3 の空欄に適切な数字を記入する ………………………………………………………………

❶ 　固定費は生産量に関わらず一定であるため，B3 の値を I3 までコピーする。

❷ 　変動費は@20 ドルであるため，D4 は 4000 となるので，これを入力する。C4 と D4 のセルを選択し，マウスポインタを D4 の右下に重ね，＋記号が表示されるようにする。そのまま I4 までドラッグする。

❸ 　販売単価は@45 ドルであり，すでに入力されている C5 と D5 のセルを選択し，マウスポインタを D5 の右下に重ね，＋記号が表示されるようにする。そのまま I5 までドラッグする。図表 8-4 が完成する。

図表8-4　損益分析データ

	A	B	C	D	E	F	G	H	I
1									(単位：ドル)
2	生産量	0	100	200	300	400	500	600	700
3	固定費	10000	10000	10000	10000	10000	10000	10000	10000
4	変動費	0	2000	4000	6000	8000	10000	12000	14000
5	売上高	0	4500	9000	13500	18000	22500	27000	31500

⑵　**損益分岐点の計算**

　損益分岐点は，前述の通り，「売上高と費用の額がちょうど等しくなる売上高あるいは販売数量」である。損益分岐点販売数量をxで表すと次の通りである。なお，損益分岐点を検討する際には，以下，生産量＝販売数量と考える。

$$45x = 20x + 10000$$

　したがって，$x = 400$ となる。つまり，損益分岐点販売数量は 400 個，損益分岐点売上高は 18,000 ドルである。

⑶　**総費用グラフの作成**

◆固定費と変動費を合わせた総費用のグラフを作成する。 ……………………………………

　❶　A3 から I4 までを選択（ドラッグして反転）する。

　❷　［挿入］タブ―［グラフ］グループの［折れ線／面グラフの挿入］をクリックする。いろいろなグラフが提示されるが，ここでは［2-D 面］の "積み上げ面" を選択する。ここで「積み上げ面」を利用していることは重要である。この方法によって，固定費と変動費の合計金額，つまり，総費用が表示される。

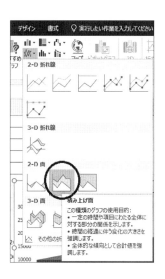

　❸　［デザイン］タブ―［データ］グループ―［データの選択］―横軸ラベルの［編集］をクリックし，「軸ラベルの範囲」に B2 から I2 までを選択する。［OK］を 2 回クリックしてグラフ範囲を選択し終える。

　❹　様式を整える。

・［ホーム］タブ―［フォント］グループ―［フォントの色］― "黒，テキスト 1" を選ぶ。

・グラフタイトル「図表8-5　総費用」とする。

・グラフエリアのグラフタイトルのフォントを18pt以上，縦軸横軸のフォント14ptとする。

グラフタイトルを付け，横軸（X軸）の項に生産量を表示させ，図表8-5を完成させる。なお，縦軸と横軸の交点からグラフが始まらない場合は，横軸をクリックして，［軸の書式設定］のうち［軸のオプション］の軸位置を"目盛"に設定する。

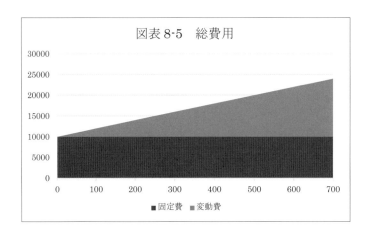

（4）　損益分岐点グラフの作成

◆図表8-5に売上高線を加える。 ……………………………………………………………………

❶　課題1のデータのA3からI5までを選択（ドラッグして反転）する。

❷　［挿入］タブ－［グラフ］グループの［折れ線／面グラフの挿入］をクリックする。再度，［2-D面］の"積み上げ面"を選択する。

❸　グラフエリアを選択した状態で，［デザイン］グループ－［データの選択］－横軸ラベルの［編集］をクリックして「軸ラベルの範囲」にB2からI2までを選択し，［OK］を2回クリックする。

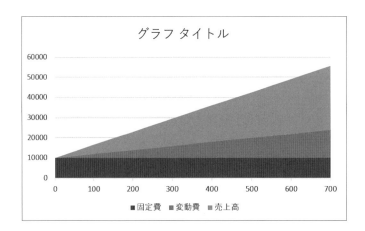

❹　このグラフのうち，売上高のグラフを売上高線に変更するため，売上高のグラフエリアを右クリックして，［系列グラフの種類の変更］を選択する。

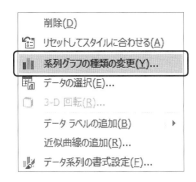
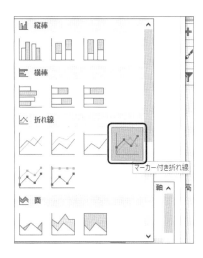

❺ ［グラフの種類の変更］ダイアログのうち，一番下の［売上高］の［グラフの種類］の▼
をクリックして，"マーカー付き折れ線"を選択する。

❻ 図表8-5と同様に，グラフタイトルを付け，横軸（X軸）の項に生産量を表示させ，図表
8-6を完成させる。このグラフによって，売上400個が損益分岐点になることを確認する。

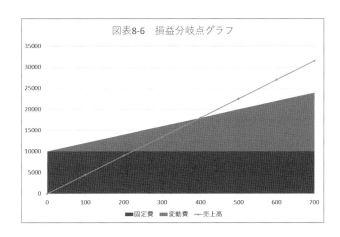

図表8-6　損益分岐点グラフ

8-2 ｜ 損益分岐点分析

　図表8-6で，販売数量が損益分岐点よりも右側にある場合には，利益が出ている状態である。販
売数量が損益分岐点を大きく上回っていれば，売り上げが多少減少しても問題ない状況であり，会
社の経営状態に余裕があると判断される。詳細な分析を行う前に，このように概略的に会社の経営
状況を把握することは重要である。

　以下では，より詳細な分析を行っていく。まず，損益分岐点分析に用いる比率を説明し，実際に
数値例を使って分析を行う。

・変動費率（％）・・・売上高に占める変動費の構成比を表す指標
　　＝変動費÷売上高×100

・限界利益・・・売上高から変動費を引いたもの

$\quad$＝売上高－変動費（＝固定費＋利益）

・限界利益率（％）・・・限界利益を売上高で割ったもの。いい換えれば，売上が1単位増えることで増える利益のこと。

$\quad$＝限界利益／売上高

$\quad$＝（売上高－変動費）／売上高＝1－（変動費／売上高）＝1－変動費率

・損益分岐点売上高・・・利益がゼロとなる売上高

売上高－変動費－固定費＝売上高－（売上高×変動費率）－固定費＝売上高（1－変動費率）－固定費＝0となることから，

損益分岐点売上高＝固定費÷（1－変動費率）＝固定費÷{1－（変動費÷売上高）}＝固定費÷限界利益率

課題 2　損益シミュレーション

$\quad$図表8-7に示す条件で，目標利益や販売単価を変更した場合の損益を計算しなさい。

① 図表8-7の損益分岐点分析表を完成させなさい。

② 目標利益を達成するために必要な販売数量と売上高を計算するセルを作成しなさい。

③ 販売単価と目標利益を変更した場合の販売数量と売上高を計算するセルを作成しなさい。

図表8-7　商品Sの損益分岐点分析

	A	B	C	D	E	F	G	H	I	J	K	L	M	N
1	商品Sの損益分岐点分析													
2														
3	販売単価	410												
4	固定費	20000												
5	1つあたり変動費	250												
6														
7	損益分岐点分析表													
8	販売数量	0	20	40	60	80	100	120	140	160	180	200	220	240
9	売上高													
10	固定費													
11	変動費													
12	総費用													
13	損益													

操作手順

(1) 図表8-7の完成

◆損益分岐点表の売上高等の算出

❶ 図表8-7はダウンロードデータを利用する（p.31参照）。売上高（＝販売単価×販売数量）を算出するため，B9に「＝$B$3＊B8」と入力し，C9:N9にコピーする。

❷ 固定費については，B10に20,000と入力し，C10:N10にコピーする。

❸ 変動費（＝1つあたり変動費×販売数量）を算出するため，B11に「＝$B$5＊B8」と入力し，C11:N11にコピーする。

❹ 総費用（＝固定費＋変動費）を算出するために，B12 に「＝B10＋B11」と入力し，C12:N12 にコピーする。

❺ 損益（＝売上高－総費用）を算出するために，B13 に「B9－B12」と入力し，C13:N13 にコピーする。

(2) 目標利益管理セルの作成

◆目標利益を達成する販売数量と売上高の算出 ···

図表 8-7 の A15，A16，A17 にそれぞれに「目標利益」「目標販売数量」「目標売上高」と入力し，目標利益を達成する販売数量と売上高を算出する（図表 8-8 を参照せよ）。

❶ 目標販売数量＝（目標利益＋固定費）／（販売単価－1 つあたり変動費）であるため，「目標販売数量」の隣のセル（B16）にこの式の通り，計算式を入力する。この例では，「＝（B15＋20000）／（B3－B5）」となる。

❷ ここで目標利益（例えば 16000）を入力すると上記のセルで目標販売数量が計算される（この例では 225 個）。

❸ 目標売上高＝目標販売数量×販売単価であるため，「目標売上高」の隣のセル（B17）にこの式の通り，計算式を入力する。この例では，「＝B16＊B3」となる。目標利益のセルにいくつか数値を入れて，目標販売数量および目標売上高が変化することを確かめる。

図表 8-8　目標利益管理

	A	B	C	D	E	F	G	H	I
15	目標利益							改定販売単価	
16	目標販売数量	125	目標販売数量＝（目標利益＋固定費）／（販売単価－1 つあたり変動費）					目標販売数量	-80
17	目標売上高	51250	目標売上高＝目標販売数量×販売単価					目標売上高	0

(3) 販売単価と目標利益の変化に対するシミュレーション用セルの作成

◆販売単価と目標利益を変更した場合の販売数量と売上高の算出 ·································

H15 に「改定販売単価」と入力し，そのすぐ下のセル 2 つ（H16 と H17）にそれぞれ「目標販売数量」「目標売上高」と入力する（図表 8-8 を参照せよ）。

❶ 目標販売数量＝（目標利益＋固定費）／（販売単価－1 つあたり変動費）であるため，I16 にこの式の通り，計算式を入力する。この例では，「＝（B15＋20000）／（I15－B5）」と入力する。

❷ 目標売上高＝目標販売数量×販売単価であるため，I17 にこの式の通り，計算式を入力する。この例では，「＝I16＊I15」と入力する。目標利益と改定販売単価のセルにいくつか数値を入れて，目標販売数量および目標売上高が変化することを確かめる。また，もとの販売単価のままの場合も同時に計算されるので両者を比較する。

1. 課題2の図表8-7のデータを使用して損益分岐点分析グラフを作成しなさい。その際, 販売単価を350とした場合の改定売上高線を追加しなさい。

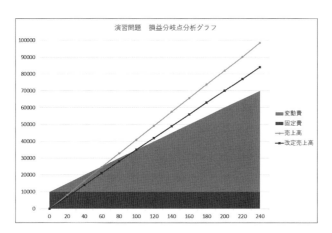

2. 課題2の図表8-8のデータを使用して目標利益を得るための目標売上高を算出するセルを作成しなさい。

   なお, 目標売上高＝(目標利益＋固定費)／(1－変動費率)である。

	A	B	C	D	E	F
6	<演習問題>					
7	目標利益シミュレーション					
8	目標利益		ドル			
9	目標売上高		ドル			
10		目標売上高＝(目標利益＋固定費)／(1－変動費率)				

債券価値の変動を捉える

レクチャーポイント

❶ 金利計算の原理の理解
❷ 現在価値と将来価値の関係の理解
❸ キャッシュフローと金利の関係の理解

スキルチェック

❶ シミュレーションシートの作成
❷ 財務関数　FV 関数の活用
❸ 財務関数　PV 関数の活用
❹ 財務関数　PMT 関数の活用

9-1 定期積立金の将来価値

9-1-1 複利の算式

　一定の元金があるとき，金利と期間が与えられれば将来価値がいくらになるかがわかる。その際，金利がつく方式として単利と複利がある。単利とは元金にのみ利息がつき，複利とは1年を超えて預ける場合に，前の年についた利息に対しても利息がつくという金利計算の方法である。預金金利の場合，複利の方式が一般的である。

　たとえば，100万円を年利率3% で5年にわたって預ける場合，5年後の元金と利息の合計，すなわち元利合計は 100×1.03^5 万円となる。6年後であれば 100×1.03^6 である。

　一般に，元金 A 円を年利率 $(r \times 100)$% で n 年間預けたとすると，n 年後の元利合計 B 円は次のようになる。

$$B = A(1+r)^n$$

9-1-2 定期積立金の元利合計

　毎期一定額を定期的に積み立てていくと，将来の元利合計がどのようになるかを考えてみよう。この場合，毎期の積立額それぞれに利息がついてくるわけであるが，各期のはじめ(期首)に積み立てるか，各期の末(期末)に積み立てるかで，利息のつき方は若干変わってくる。

　設備投資資金として 2000 万円を3年間積み立てるとき，3年後の元利合計はどのくらいになるかを考えてみる。金利を 2% とする。

＜年初積立の場合＞

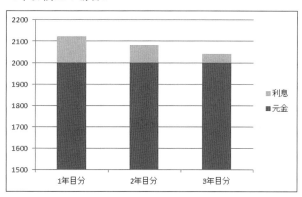

1年目 2000×1.02^3
2年目 2000×1.02^2
3年目 2000×1.02^1　　以上の和
$2000 \times (1.02 + 1.02^2 + 1.02^3)$
$= 2000 \times 3.121608 = 6243.216$ 万円

＜年末積立の場合＞

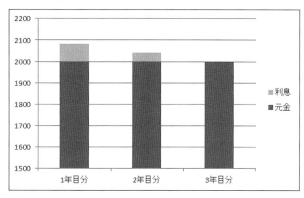

1年目 2000×1.02^2
2年目 2000×1.02^1
3年目 2000　　以上の和
$2000 \times (1 + 1.02 + 1.02^2)$
$= 2000 \times 3.0604 = 6120.8$ 万円

　このように定期積立額の将来価値を求める場合，期首に積み立てるのか，期末に積み立てるのかについてはっきりさせておかなければならない。

課題　❶

(1)　図表9-1は，一定額を定期的に積み立てたときの10年後の積立総額を求めるシミュレーション表である。積立時期については，年初の場合と年末の場合の両方について求めるものとする。この表を完成させなさい。積立額と金利については，数値を変えると結果が再計算されるよう，計算式を使って完成させるものとする。また，金利は％表示で入力するものとする。

(2)　こうしたケースの積立総額は，FV関数を使うと簡単に求められる。10年後の積立総額を，FV関数を使って求めなさい。
　　FV（利率，期間，定期支払額，現在価値，支払期日）

※　FV関数を使う場合は，積立額をマイナスの数字で入れることが必要である。預金するということはいったん手元から出ていくため個人にとってはマイナスの金額である。そして，期限が来ると個人に戻ってくるので，そこはプラスの金額であるというのがFV関数の発想になっている。入るはプラス，出るはマイナスである。

図表 9-1　定期積立の将来価値

	A	B	C	D	E	F
1	定期積み立ての将来価値					
2		積立額＝	10000			
3		金利＝	3%			
4		積み立て期間＝	10			
5			年初積み立ての場合		年末積み立ての場合	
6		積立額	10年後までの残り年数	10年後の年末の価値	10年後までの残り年数	10年後の年末の価値
7	1年目	10000	10		9	
8	2年目	10000	9		8	
9	3年目	10000	8		7	
10	4年目	10000	7		6	
11	5年目	10000	6		5	
12	6年目	10000	5		4	
13	7年目	10000	4		3	
14	8年目	10000	3		2	
15	9年目	10000	2		1	
16	10年目	10000	1		0	
17		10年後の年末の総価値			総価値	
18			FV関数→		FV関数→	

操作手順

(1) 定期積立の将来価値を求める

◆表の枠組みの作成 ……………………………………………………………………………………

❶ 図表 9-1 のようなシミュレーション表を作成する。セル C2 には積立額の 10000，セル C3 は書式設定で％表示に直し，「3」と入力する（3％ と表示される）。

❷ B7 から B16 までのセルには，C2 の積立額と同じ額が現れるようにする。B7 に「＝C2」と入力し，B8 に「＝B7」と入力する。そして，B8 を B9:B16 にコピーする。

◆ 10 年後の価値 ……………………………………………………………………………………

各年の積立額の 10 年後の価値をそれぞれ出す。ただし，ここにいう 10 年後とは 1 年目の年初時点からみた 10 年後である。したがって，各年の積立時点からみると 10 年後までの期間は 1 年目，2 年目と年数が経つにつれて，その分だけ期間が短くなる。例えば，4 年目の年初であれば，10 年後までは 7 年あるということになる。

10 年後まで何年あるかは大変重要で，この年数によってつく利息額が違ってくる。D7 には 1 年目の年初額（この場合 1 万円）の 10 年後の価値が出るように式を入力する。

❶ D7 に「＝B7＊(1＋$C$3)^C7」と入力する。この式中で，セル C3 については絶対参照指定をしておく必要がある。

❷ あとは，D7 を D8:D16 にコピーする。年末積立の場合は F7 に「＝B7＊(1＋$C$3)^E7」と入力する。

(2) FV 関数の利用

将来価値を計算する財務関数の FV 関数を利用する。D18，F18 に 10 年後の年末の総価値を求める FV 関数を設定する。FV 関数の入力部分は，FV(利率，期間，定期支払額，現在価値，支払期日)である。

❶ 利率 「3」と入力する。または「＝C3」と入力する。

❷ 期間 積立年数の「10」を入れる。「＝C4」でもよい。

❸ 定期支払額 積立額を入力する。さしあたり持ち出しとなるので「－10000」と入力する。「＝－C2」でもよい。

❹ 現在価値 すでに預金額がある場合に入力する。ここでは「0」でよい。

❺ 支払期日 年初積立の場合「1」を入れる。年末積立の場合は「0」を入れる。省略は0と見なされる。

以上すべて入力すると，D18には118,078円というプラスの数値が返される。

9–2 債券の現在価値

9-2-1 割引債の現在価値

債券とは

国，地方自治体，事業会社などが新たな事業に取り組む場合，当初資金が必要となる。例えば，事業会社が工場を建てて，その工場で生産した製品を販売して，その売り上げから当初資金を徐々に返していくというケースを考えるとよい。この場合，まず当初の事業資金を集めるために将来の返済（支払い）を約束した証書を発行する。これを債券という。事業会社はこれを投資家に購入してもらって，資金を集めるわけである。

債券は，一定の期限（満期期限，償還期限）後に元本（額面金額）を返済することを約束した債務証書の形を取り，それを保有することにより別途利息がつくかどうかで利付債と割引債の2つに分かれる。発行主体別に区分すれば，債券は，国債，地方債，事業債（社債）に分けられる。金融機関の発行であれば金融債である。こうした債券を売買する市場（証券取引所，証券会社の店頭）も存在する。

割引債とは何か

割引債は，額面以下の価格で発行し，償還日に額面金額で償還する（額面金額を支払う）ことにより，その差額を利息に代えようという債券である。例えば，額面金額5万円，期限5年の割引国債を発行時に4万円で販売したとすると，利息は1万円になる。割引債は，このような形で利息をつけようとするものである。後にみる利付債と異なり，この保有によって途中で別途利息がつくということはない。よく知られているものに，割引国債，割引金融債がある。

割引債の発行価格

債券は発行する側からすれば，できるだけ高い価格で売れるほうがよい。しかし，あまり高すぎては用意した債券すべてを売り切ることはできない。新規債券がすべて消化されるかどうかは，資金提供者（投資家）の投資判断による。投資家は，発行単価がどれだけ割引かれているかを見て実際に購入するかどうかを判断する。発行主体は，そうした投資家の行動原理を読みながら，発行価格を決めなければならない。この予想が外れれば，債券は売れ残り，事業展開に支障が生じる。

市場金利

投資家は，債券を購入するかどうかをどのように判断するのであろうか。それは何よりも，他の投資先に比べ，当該債券への投資が遜色ないと思えるかどうかである。仮に，市場に次の投資先のみが存在するとする。

年利率4%（複利）の10年物の定期預金（10年間預ければ年利率4%が保証される）

この4%がいうなれば市場金利ということになる。

ここで新たに，償還期限10年，額面単価100円，発行価格70円の割引債の発行を考えるとする。そうすると，これを購入する側の投資家は，この割引債と金利4%の定期預金とを比較することになる。そして，70円に4%の金利がついて10年経つと103.6円になるということにすぐに気がつくから，10年後に100円にしかならないこの割引債を誰も買おうとはしない。したがって，この割引債をすべて売り切るためには発行価格を下げざるを得ない。いくらに下げればよいであろうか。

割引債の発行価格＝現在価値

この点に答えるのが債券の割引現在価値を求める方法である。この割引債がすべて消化されるためには，この債券への投資価値が前述の4%の定期預金と同等ないしそれ以上でなければならない。そこで，この4%を基準に，この割引債の現在の価値を見ることにする。その方法は以下の通りである。

一般に，償還期限 n 年，額面 B 円の割引債の現在価値 A は，

市場利子率を $100r\%$ とすると，$A \times (1+r)^n = B$ だから，$A = \dfrac{B}{(1+r)^n}$ となる。

額面 100 円，償還期限 10 年の割引債の現在価値 $= \dfrac{100}{1.04^{10}} = 67.556$ 円

割引債の現在価値 ──── 10年間 ────▶ 100円
　　　　　　　　　　金利4%

9-2-2　クーポンつき債券の現在価値

固定利付債

額面金額に対して一定の利率をかけた金額をクーポン（一種の利息）として毎年受け取ることのできる債券を考える。クーポンの額を決める利率を**クーポン利率**という。満期期限が来れば，毎年のクーポンの他に，額面金額も受け取れる。これを**固定利付債**という。クーポンの利率が変動する利付債もあるが，ここでは理解を簡単にするためクーポン利率が変わらない固定利付債のみを取り扱うことにする。

額面単価 100 円，償還期限 3 年，クーポン利率 4%（年 1 回）

債券購入者の受け取り額は次のようになる（額面 100 円につき）。

1 年目のクーポン	$100 \times 0.04 = 4$ 円
2 年目のクーポン	$100 \times 0.04 = 4$ 円
3 年目のクーポン	$100 \times 0.04 = 4$ 円
3 年目の償還金	額面金額 100 円

A 社の固定利付債の発行価格

債券を一体いくらで販売するかが問題である。発行する側は高いほうがよいが買手がつかなければ，売り切ることはできない。そこで，売り切るための理論的発行価格を求めてみたい。これは，市場の平均金利がどれだけであるかによって決まってくる。

市場の金利がわかると，将来の金額の現在価値は次の算式で求められる。

$$現在価値 = \frac{将来価値}{(1 + 金利)^{期間}}$$

これは，将来価値＝現在価値×$(1 + 金利)^{期間}$という複利計算の式から逆算したものである。上記債券の償還期限までの市場の平均金利が 3% であると想定すると，A 社の固定利付債の現在価値は次のようになる。

1 年目のクーポン	4 円－（現在価値）	⇒	$4 \div 1.03^1$
2 年目のクーポン	4 円－（現在価値）	⇒	$4 \div 1.03^2$
3 年目のクーポン	4 円－（現在価値）	⇒	$4 \div 1.03^3$
3 年目の償還金	100 円－（現在価値）	⇒	$100 \div 1.03^3$

合計　　$\dfrac{4}{1.03^1} + \dfrac{4}{1.03^2} + \dfrac{4}{1.03^3} + \dfrac{100}{1.03^3} = 102.8286$ 円

この合計は市場金利が 3% であるときの現在価値と考えられ，そうした金利見通しが大勢を占めていると，A 社の固定利付債は上記の合計額よりも安ければ，買い手がつくということになる。その意味でこの現在価値を一定の市場金利見通しの下に考えた理論的発行価格という。償還期限までの市場金利をどのように予想するかは難しいところがあるが，発行者側が発行価格を決めるにはこの問題を解決しなければならないのである。

課題 ❷

(1) 図表 9-2 は，償還期限 10 年のクーポンつき債券の現在価値を求めるシミュレーション表である。クーポン利率は 2% として設定してある。市場の平均金利を 4% と想定して，各期のクーポンの現在価値と償還金額の現在価値の合計（理論的発行価格）を求めなさい。ただし，クーポンのつく時期については，年初の場合と年末の場合の両方があるので，それぞれについて求めなさい。

(2) この債券の現在価値を，PV 関数を使って求めなさい。
PV（利率，期間，定期支払額，将来価値，支払期日）

図表9-2　クーポンつき債券の現在価値

	A	B	C	D	E	F
1	クーポンつき債券の現在価値					
2		額面金額＝	1,000,000			
3		クーポン利率＝	2%			
4		償還期限＝	10			
5		市場金利＝	4%			
6			クーポン年末払いの場合		クーポン年初払いの場合	
7			現在からの年数差	現在価値	現在からの年数差	現在価値
8	1年目のクーポン	20,000	1		0	
9	2年目のクーポン	20,000	2		1	
10	3年目のクーポン	20,000	3		2	
11	4年目のクーポン	20,000	4		3	
12	5年目のクーポン	20,000	5		4	
13	6年目のクーポン	20,000	6		5	
14	7年目のクーポン	20,000	7		6	
15	8年目のクーポン	20,000	8		7	
16	9年目のクーポン	20,000	9		8	
17	10年目のクーポン	20,000	10		9	
18	10年後の償還金額	1,000,000	10		10	
19			合計		合計	
20			PV関数→		PV関数→	

操作手順

(1) クーポンつき債券の現在価値を求める

◆表の枠組みの作成

❶ 図表9-2のようなシミュレーション表を作成する。セルC2には額面金額の「1,000,000」を入力し，セルC3は書式設定で％表示に直し，クーポン利率の「2」を入力する（2％と表示される）。セルC4は償還期限10年を表す「10」，セルC5も書式設定で％表示に直し，市場金利の「4」を入力する（4％と表示される）。

❷ B8からB17は額面金額にクーポン利率をかけた「＝$C$2＊$C$3」を入力する。B18を額面金額C2のセルとリンクさせる。すなわち，B18に「＝C2」と入力する。

◆各期のクーポンおよび償還額の現在価値

各期のクーポンおよび償還額の現在価値を，それぞれ想定市場金利を使って求める。現在価値を求めるにあたっては，クーポンや償還額を受け取る時点と現時点の時間差がポイントとなる。図表9-2では，それを現在からの年数差として，C8からC18，E8からE18にそれぞれ取ってある。ここで，現在価値＝$\dfrac{将来価値}{(1＋金利)^{期間}}$という算式を使って現在価値を求める。

❶ D8に「＝B8/(1＋$C$5)^C8」と入力する。セルC5を絶対参照指定するのは，D9:D17にコピーするためである。D8をD9:D18にコピーし，D8からD18までの合計をセルD19に求める。これが，クーポン年末払いの場合の，この利付債の現在価値である。

❷ クーポン年初払いの場合も同様に求められる。

(2) PV関数の利用

現在価値を計算する財務関数のPV関数を利用する。PV関数の入力部分は，PV（利率，期間，定期支払額，将来価値，支払期日）である。

❶ 利率 「4」と入力する（4% と表示される）。あるいはセル C5 を指定する。

❷ 期間 積立年数の「10」を入れる。あるいはセル C4 を指定する。

❸ 定期支払額 クーポン額を入力する。発行者からすると持ち出しなのでマイナスの数値を入力する。「＝－C2＊C3」と入力する。

❹ 将来価値は，償還額である額面金額を入力する。これも発行者からすると持ち出しとなるので，マイナスの数値を入れる。「＝－C2」と入力する。

❺ 支払期日 年初積立の場合「1」を入れる，年末積立の場合は「0」を入れる。省略は 0 とみなされる。

　以上すべて入力すると，D20 には 837,782 円というプラスの数値が返される。債券発行者にとっては，発行時点で入ってくる資金だからである。

図表 9-2 の結果

	D20 ▾ : × ✓ fx	=PV(C5,C4,-C2*C3,-C2,0)			
◢	A	B	C	D	E	F
1	クーポンつき債券の現在価値					
2		額面金額＝	1,000,000			
3		クーポン利率＝	2%			
4		償還期限＝	10			
5		市場金利＝	4%			
6				クーポン年末払いの場合		クーポン年初払いの場合	
7				現在からの年数差	現在価値	現在からの年数差	現在価値
8	1年目のクーポン	20,000	1	19,231	0	20,000
9	2年目のクーポン	20,000	2	18,491	1	19,231
10	3年目のクーポン	20,000	3	17,780	2	18,491
11	4年目のクーポン	20,000	4	17,096	3	17,780
12	5年目のクーポン	20,000	5	16,439	4	17,096
13	6年目のクーポン	20,000	6	15,806	5	16,439
14	7年目のクーポン	20,000	7	15,198	6	15,806
15	8年目のクーポン	20,000	8	14,614	7	15,198
16	9年目のクーポン	20,000	9	14,052	8	14,614
17	10年目のクーポン	20,000	10	13,511	9	14,052
18	10年後の償還金額	1,000,000	10	675,564	10	675,564
19			合計	837,782	合計	844,271
20			PV関数→	¥837,782	PV関数→	¥844,271

9–3 　年金シミュレーション

9-3-1　残高をゼロにする年金額の算出

　一定額を年金基金として持ち，毎年一定の金額を年金として取り崩すとき，16 年間基金が枯渇せずに受け取れる年金額を求めるシミュレーション表を作成する。毎年取り崩した後の残金については，一定利率で利息がつけられていくものとする。すなわち，基金を運用しながら毎年一定額を年金として取り崩していくのである。このときの利率を運用利率と呼ぶことにする。

　あらかじめ用意した当初基金の額が変わらないとすれば，基金が枯渇せずに毎年取り崩し可能な年金額は，この運用利率によって変わってくる。「基金が枯渇せずに」というのは，途中年次で基金がなくなることがないようにするという意味である。そうした年金額を求めてみたい。

図表 9-3 は，一定の当初基金と運用利率のもとで，一定の額を年金として取り崩し，残りの額については毎年その利率で運用するということを続けていったとき，16 年後の残高がちょうどゼロになるような毎年の年金額を試算する表である。この表を完成させなさい。

ただし，セル B2 に入れる当初基金については 10,000,000 円とし，セル B3 に入れる運用利率については 5.5% とする。毎年，年金として年初に一定額を取り崩し，残金については 5.5% の利息がつく。これを繰り返して得られる 16 年後の残高をセル B5 に表示させる。

図表 9-3　定額年金の試算

	A	B	C	D	E	F
1	定額年金の試算(運用利率一定)					
2	当初基金額＝	10,000,000	円			
3	運用利率＝	5.5%	%			
4	年金額＝		円		PMT関数→	
5	16年後残額＝	0	円			
6						
7	年次	年初額	年金額	年末残高	現在価値乗数	現在価値
8	1					
9	2					
10	3					
11	4					
12	5					
13	6					
14	7					
15	8					
16	9					
17	10					
18	11					
19	12					
20	13					
21	14					
22	15					
23	16					
24				現在乗数の総計→		

操作手順

(1) シミュレーション表の作成

◆図表 9-3 の枠組み

図表 9-3 と同様の表の枠組みを作成する。金額を入れるセル B2，B4，B5，F4 および B8:D23，F8:F24 については，3 桁ごと桁区切りカンマが入るようにあらかじめ設定する。また，B2 の利率を入れるセルについては% 表示となるようにあらかじめ設定する。

◆1年目の年初額と年金額

B8 の 1 年目の年初額は B2 の当初基金であるので，B8 に「＝B2」と入力する。C8 の年金額は B4 の額であるので，同様に，C8 に「＝B4」と入力する。

◆1年目の年末残高

年初額から年金額を引き，(1＋運用利率)をかけたものが年末残高になる。利率についてはセル B3 を参照する。その際，この年末残高式については 2 年目以降にコピーすることになるので，セル B3 は絶対参照指定にする。

セル D8 に，「 = (B8 − C8) * (1 + $B$3)」と入力する。

◆ **2年目の式** ··

❶ 2年目の年初額

・1年目の年末残高であるので，セル B9 に「 = D8」と入力する。

❷ 2年目の年金額

・1年目の年金額と同じであるので，セル C9 に「 = C8」と入力する。

❸ 2年目の年末残高

・1年目の年末残高式と同じであるので，セル D8 をコピーし，セル D9 に貼り付ける。

◆ **3年目以降の式と最終残高** ···

❶ 3年目以降の式

・3年目以降の年初額，年金額，年末残高の式は2年目と同じであるので，2年目の B9 から D9 を B10 から D23 にコピーする。

❷ 最終残高

・セル B5 の最終残高は 16 年後の残高であるので，セル B5 に「 = D23」と入力する。

⑵ **16年後残高をゼロにする工夫**

◆**現在価値乗数の入力** ···

毎年一定の年金額を受け取るが，受け取る時点の価値と現在価値は異なる。この点を考える上で参考になるのが，先ほどの固定利付債の現在価値の導出である。ここで考えている定額年金の場合，ある一定額 x 円が毎年初に n 年にわたって支払われる。

先に見たように，現在価値 $= \dfrac{将来価値}{(1 + 金利)^{期間}}$ であるから，各年の年金額を当初価値に引き戻すには，その年金額を $(1 + 金利)^{期間}$ で割ればよい。これを現在価値乗数と呼び，表の現在価値乗数欄に各年の現在価値乗数を算式で入力してみる。その際，現在からの期間を表すために，A 列の年次の数値を活用する。

❶ セル E8 に，「 = 1 / (1 + $B$3)^(A8 − 1)」と入力する。

❷ セル E8 の式をセル E9 から E23 にコピーする。

❸ セル E24 にセル E8 から E23 までの合計式を作る。

◆**現在価値額を確認** ···

各年の年金額の現在価値がどのくらいになるかを確認するために，念のため F 列に現在価値額を表示する。

❶ セル F8 に，「 = C8 * E8」と入力する。

❷ セル F8 の式をセル F9 から F23 にコピーする。

❸ セル F24 にセル F8 から F23 までの合計，すなわち現在価値の合計を求める。これが当初基金に等しいと，16 年後の残額は 0 になる。

◆ **16年後の残額がゼロになる年金額** ···

セル B4 の年金額欄に数値が入っていないため，ここまでの操作では正しい数値が表示されていない。16 年後の残額がゼロになる年金額は，当初基金額を現在価値乗数の合計で割ることによって求められる。すなわち，セル B4 に「 = B2 / E24」と入力する。

すると直ちに再計算が行われ，16 年後の基金残高が 0 となることが確認できる。また，セル

F24 の現在価値の合計が当初基金に等しくなっていることが確認できる。

(3) PMT 関数の利用

定期支払額を計算する財務関数の PMT 関数を利用する。PMT 関数の入力部分は，**PMT（利率，期間，現在価値，将来価値，支払期日）** である。

PMT 関数の結果入力欄をセル E4 とし，挿入関数 PMT を選び，パラメータについては次のように入力する。

❶ 利率　セル B3 を指定する。

❷ 期間　支給年数上限の「16」または「A23」を入力する。

❸ 現在価値　当初基金のセル B2 を指定する。当初時点で金融機関に預け，手元から出ていくと考えるので，「＝−B2」とマイナスをつけて入力する。

❹ 将来価値は，16 年後の末であるので，「0」を入れる。

❺ 支払期日　年初支払であるので「1」を入れる。

以上すべて入力すると，セル B4 と同様の結果が得られる。

図表 9-3 の結果

	E8		▼	⋮	×	✓	ƒx	=1/(1+$B$3)^(A8-1)	

▲	A	B	C	D	E	F
1	定額年金の試算（運用利率一定）					
2	当初基金額＝	10,000,000	円			
3	運用利率＝	5.5%	％			
4	年金額＝	905,996	円		PMT関数→	¥905,996
5	16年後残額＝	0	円			
6						
7	年次	年初額	年金額	年末残高	現在価値乗数	現在価値
8	1	10,000,000	905,996	9,594,175	1.0000	905996
9	2	9,594,175	905,996	9,166,029	0.9479	858764
10	3	9,166,029	905,996	8,714,335	0.8985	813994
11	4	8,714,335	905,996	8,237,798	0.8516	771558
12	5	8,237,798	905,996	7,735,052	0.8072	731335
13	6	7,735,052	905,996	7,204,654	0.7651	693208
14	7	7,204,654	905,996	6,645,085	0.7252	657070
15	8	6,645,085	905,996	6,054,739	0.6874	622815
16	9	6,054,739	905,996	5,431,924	0.6516	590346
17	10	5,431,924	905,996	4,774,855	0.6176	559569
18	11	4,774,855	905,996	4,081,646	0.5854	530398
19	12	4,081,646	905,996	3,350,311	0.5549	502746
20	13	3,350,311	905,996	2,578,753	0.5260	476537
21	14	2,578,753	905,996	1,764,759	0.4986	451694
22	15	1,764,759	905,996	905,996	0.4726	428146
23	16	905,996	905,996	0	0.4479	405825
24			現在乗数の総計→		11.0376	10,000,000

演習問題

1. 課題 1 のシミュレーション表をもとに，金利が 0％，0.5％，1.5％，2.5％，3.5％，4.5％，5.5％ の 7 つのケースで 10 年後の積立総額がどのように変わってくるかを調べ，結果を棒グラフで表しなさい。

2. 課題 2 のシミュレーション表をもとに，額面金額 100 万円，償還期限 10 年，クーポン利率 0.5% の固定利付債で，市場金利 0.5%，1.5%，2.5%，3.5%，4.5%，5.5% の 6 つのケースでその現在価値がどのように変わるかを調べ，結果を棒グラフで表しなさい。

3. 課題 3 の年金シミュレーション表をもとに，金利が 0%，0.5%，1.5%，2.5%，3.5%，4.5%，5.5% の 7 つのケースで支給可能な年金額がどのように変わってくるかを調べ，結果を棒グラフで表しなさい。ただし，当初基金残高を 1000 万円とする。

4. 課題 3 を例に，積立方式(積立額を運用しながら年金として取り崩していく方式)の年金制度について，金利の変化が年金額に及ぼす影響について論じなさい。

5. 上の検討結果を 5 枚の PowerPoint のスライドにまとめなさい。

●◉ COLUMN　種々の財務関数

　Excel の財務関数には，以下のようなものがある。

① 将来価値を計算する関数
　　FV(利率，期間，定期支払額，現在価値，支払期日)

② 現在価値を計算する関数
　　PV(利率，期間，定期支払額，将来価値，支払期日)

③ 利率を計算する関数
　　RATE(期間，定期支払額，現在価値，将来価値，支払期日，利率の推定値)

④ 支払回数を計算する関数
　　NPER(利率，定期支払額，現在価値，将来価値，支払期日)

⑤ 指定期間の支払額を計算する関数(定率の条件)
　　PMT(利率，期間，現在価値，将来価値，支払期日)

⑥ 期間内の指定した期に支払われる金利を計算する関数
　　IPMT(利率，期，期間，現在価値 [，将来価値] [，支払期日])

⑦ 期間内の指定した期に支払われる元金を計算する関数
　　PPMT(利率，期，期間，現在価値 [，将来価値] [，支払期日])

第4編

人口と地域の分析

第10講 人口データを分析する

レクチャーポイント

❶ 日本全国の人口ピラミッドの作成
❷ 年齢階級別未婚率データを利用して時系列比較グラフの作成
❸ OECD データベースを利用した人口ピラミッドの国際比較
❹ 将来推計人口データを利用した人口構成の捕捉

スキルチェック

❶ 積み上げ横棒グラフの作成
❷ マーカー付き折れ線グラフの作成

10-1 日本全国の人口ピラミッドの作成

　母集団をすべて調査する統計調査として最も代表的な統計調査は国勢調査である。日本では大正9(1920)年から国勢調査が実施され、日本で最も古い歴史を持つ統計調査となっている。国勢調査は、人口、世帯といった国の政策にとって基本的な情報を捕捉している。

　男女別年齢階級別人口数の対称図を「人口ピラミッド」と呼ぶ。昔は、多産多死の国・地域しか世界になかったため、そうした国では年齢が若くなればなるほど人口総数が増えるので、年齢階級別人口はピラミッドに近い図形になった。そこから人口ピラミッドという名前が付いている。

　多くの国は多産多死から多産少死の時代を迎え、少産少死の時代にシフトしてきた。人口の推移は出生率(女性が生涯で産む子供の数)と寿命、人々の移動といった要素に大きく影響される。かつては戦争の程度も影響していたが、最近では大規模戦争が減ったため、戦争で人口が大きく左右されにくくなってきた。少産少死に向かうという傾向は世界中で一般的に見られる傾向となっている。

　主要国では近年少産少死時代が長く続き、高齢化が多くの国で深刻な問題になりつつある。東アジアに位置する日中韓など東アジア諸国では、特に少子化が深刻で、高齢化が急速に進みつつある。少子化の程度は出生率によって左右される。女性が大勢の子供を産む国では出生率が高く保たれて、少子高齢化は進みにくいのである。日本は世界で最も高齢化が進んだ国となっているのであるが、日本では過去に大家族から核家族化が進んできていて、未婚率の上昇、人間関係の希薄化も報告されている。少子化はそうした人間の社会生活の変化を示す1つの兆候なのであって、単純に子育て環境を充実させるとか、わずかな政策変更だけではなかなか少子傾向を変えることまではできない。やはり、人間の社会生活の変化を多角度で分析し、対策を施す必要がある。

　少子化が進んでいる今日では、人口ピラミッドという名前にもかかわらず、多くの国で中央付近が膨らんでいたり、逆ピラミッド構造であったりと、いびつな形状に落ち着くようになってきている。ピラミッドの形は、人口のあり方として最も望ましい形とされる。年金や社会保障費といった制度設計はこのピラミッド構造を前提としているからである。本講の課題に取り組む中で、日本の人口ピラミッドの形状に至った原因についてよく考える必要がある。

「課題1」シートに国勢調査のデータを「総数」「男」「女」「男(グラフ用)」と4列に貼り付けて，男女別年齢階級別人口データを人口ピラミッドにまとめなさい。なお，第10講の課題，演習問題はダウンロードデータを利用する(p.31参照)。

図表10-1　全国の人口ピラミッド

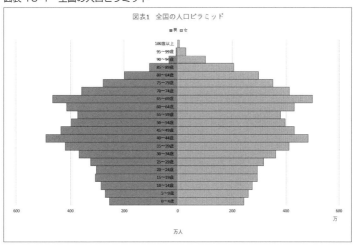

▶データの入手方法　男女別年齢階級別データをe-Statからダウンロードする。

　【e-Stat】トップページ → 【分野】 → 【人口・世帯】の【国勢調査】 → 【平成27年国勢調査】のファイル → 【人口等基本集計】の【全国結果】 → 【4-3】表のCSVファイルをダウンロードする。

操作手順

◆年齢階級別データの製表 ・・

❶　ダウンロードしたデータ(ファイル名00430-00)を開き，製表をする。G16:G36をコピーし，「課題1」シートのB3以降に貼り付ける。

❷　ダウンロードしたファイルから総数(H16:H36)，男(N16:N36)，女(T16:T36)のデータをコピーし，「課題1」シートC3，D3，E3に貼り付ける。年齢階級から総数と年齢不詳は除く。

❸　F3に「=−D3」と入力し，F3をコピーしてF4:F23まで貼り付ける。

(以上は実教出版のWebページからもダウンロード可能)

◆人口ピラミッドの作成 ・・

❶　「課題1」シートのE2:F23を選択し，[挿入]タブ-[グラフ]グループ-[縦棒／横棒グラフの挿入]-[2-D横棒]-"積み上げ横棒"をクリックする。

❷　[デザイン]タブ-[データ]グループ-[データの選択]をクリックし，[横(項目)軸ラベル]の"編集"をクリックして「=課題1!$B$3:$B$23」を指定する。

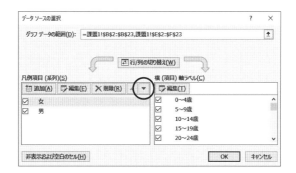

❸ ［凡例項目（系列）］の▼ "下へ移動" をクリックし，上から男 → 女の順に並びかえる。

❹ ［デザイン］タブ‐［場所］グループ‐［グラフの移動］をクリックし，新しいシートにチェックを入れてシート名を「図表1」とする。

❺ グラフタイトルを「図表1　全国の人口ピラミッド」とする。

❻ グラフの系列をダブルクリックして，［系列のオプション］を選び，［要素の間隔］を「0％」に設定する。

❼ 横軸上を右クリックして，［軸の書式設定］を選択し，［表示単位］を "万" に変更する。

❽ ［デザイン］タブ‐［グラフのレイアウト］‐［グラフ要素の追加］‐［軸ラベル］‐［第1横軸］をクリックし，横軸ラベルを "万人" とする。

❾ グラフ上2つのデータ領域をダブルクリックして，［塗りつぶしと線］を選び，［枠線］を "線（単色）" を選び，［色］を "黒" に設定する。2つのデータ共に同じ設定とする。

❿ 「課題1」シートの「F3:F23」を選択して右クリックし，［セルの書式設定］を選択する。数値の表示を絶対値表示とするために，［表示形式］‐［ユーザー定義］を選び，［種類］に「0;0」を入力する。

※ 表示形式はさまざまな設定が可能であるが，多くの説明はここで省く。入力欄には，「；」の前に正の数の時の表示形式を「；」の後に，負の数の表示形式を設定する。したがって，

「0;0」とすると絶対値表示となり，「0;-0」とするともとの表示のままとなる。

⓫　「図表1」横軸で右クリックして［軸の書式設定］を選び，表示形式で，［G/標準］の欄を消して「0;0」と入力する。

⓬　［デザイン］タブ−［グラフ要素の追加］−［凡例］−"上"を選択する（この講で凡例を上に統一している）。

　作成できた図表はピラミッドの図形に似ていない。図表1は，左右中央部に2か所出っ張りがある。最初の出っ張りは第1次ベビーブームで，戦後直後に生まれた人々が多かったことを示している。次の出っ張りは第2次ベビーブーム世代で，いずれも中央部に位置する。第3次ベビーブームが来なかったのは，第2次ベビーブーム世代の未婚率が高く，初婚年齢が上がっていたためである。子供を産む適齢期の人口が多くいるにもかかわらず，人口の高齢化が進んでいるという実態を図で確かめる。

10−2　年齢階級別未婚率データに基づく比較グラフの作成

　人口の高齢化が進んでいることは人口ピラミッドでもわかるが，人口をめぐる状況を知るためにはその周辺の情報を学んでおく必要がある。課題2では日本の国勢調査の長期時系列データをベースに未婚率の上昇を見ていく。未婚とは，結婚していないということで，有配偶，死別，離別以外のケースである。

課題 2

　e-Stat から年齢階級別未婚率データをダウンロードし，「課題2」シートを埋め，時系列比較グラフをマーカー付き折れ線で作成しなさい。

図表10-2　未婚率の時系列表

男性未婚率	1930	1950	1970	1990	2010	女性未婚率	1930	1950	1970	1990	2010
15〜19歳	99.0	99.5	99.3	99.7	99.7	15〜19歳	89.3	96.5	97.9	99.3	99.4
20〜24歳	79.6	82.7	90.1	93.6	94.0	20〜24歳	37.7	55.2	71.7	86.0	89.6
25〜29歳	28.7	34.3	46.5	65.1	71.8	25〜29歳	8.5	15.2	18.1	40.4	60.3
30〜34歳	8.1	8.0	11.7	32.8	47.3	30〜34歳	3.7	5.7	7.2	13.9	34.5
35〜39歳	3.9	3.2	4.7	19.1	35.6	35〜39歳	2.4	3.0	5.8	7.5	23.1
40〜44歳	2.4	1.9	2.8	11.8	28.6	40〜44歳	1.8	2.0	5.3	5.8	17.4
45〜49歳	1.8	1.6	1.9	6.8	22.5	45〜49歳	1.6	1.5	4.0	4.6	12.6
50〜54歳	1.5	1.4	1.4	4.4	17.8	50〜54歳	1.4	1.2	2.7	4.1	8.7
55〜59歳	1.4	1.2	1.2	3.0	14.7	55〜59歳	1.3	1.2	2.0	4.2	6.5
60〜64歳	1.2	1.2	1.0	2.0	10.3	60〜64歳	1.1	1.2	1.6	4.2	5.5
65〜69歳	1.0	1.3	0.9	1.4	6.1	65〜69歳	1.0	1.3	1.3	3.4	4.5
70〜74歳	0.9	1.4	0.9	1.0	3.8	70〜74歳	0.9	1.3	1.1	2.3	4.0
75〜79歳	0.9	2.0	0.9	0.8	2.4	75〜79歳	0.8	1.5	1.1	1.7	4.0

▶データの入手方法

　【e-Stat】トップページ→【分野】→【人口・世帯】の【国勢調査】→【時系列データ】のファイル→【男女，年齢，配偶関係】→【表番号4　配偶関係（4区分），年齢（5歳階級），男女別15歳以上人口　全国（大正9年〜平成27年）】の Excel ファイルをダウンロードする。

◆男性年齢階級別未婚率の比較グラフの作成 ……………………………………………………………

❶ ダウンロードしたデータから 1930 年，1950 年，1970 年，1990 年，2010 年の男女別デー
タをコピーし，B3:F15，H3:L15 の欄を埋める。80 歳以上，80〜84 歳，85 歳以上の欄に合
わせて下 2 行空いているが，利用はしない。

❷ 先に男性のグラフを作成する。A2:F15 を選択し，［挿入］タブ−［グラフ］グループ−［折
れ線／面グラフの挿入］−"マーカー付き折れ線" をクリックする。もし作成されたグラフで，
横軸が年齢階級，縦軸が% のときは，表記が誤っているため，［挿入］タブ−［データ］グ
ループ−［行/列の切り替え］をクリックして，縦軸を%，横軸を暦年となるように調整する。

❸ ［デザイン］タブ−［場所］グループ−［グラフの移動］をクリックし，「新しいシート」に
チェックを入れてシート名を「図表 2」とする。

❹ 縦軸上で右クリックし，［軸の書式設定］をクリックし，最大値を 100 にする。

❺ "グラフフィルター" をクリックし，系列の「40〜44 歳」から「75〜79 歳」のチェックを
はずし，"適用" をクリックする。

図表 10-3　男性の年齢階級別未婚率の上昇

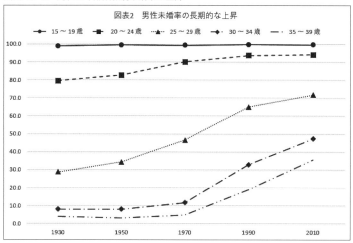

図表 10-4　女性の年齢階級別未婚率の上昇

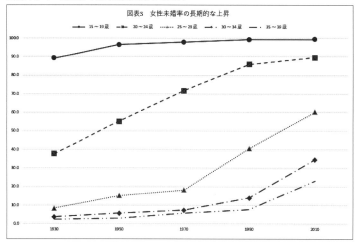

❻ 以下のようにグラフの様式を整える（図表10-3，図表10-4）。

・グラフエリアの書式設定をする。横軸の暦年，縦軸の％，系列の年齢階級について，それぞれフォントサイズを14とし，フォントの色を黒とする（［ホーム］タブの［フォント］グループで設定できる）。

・データ系列の書式設定をする。設定する折れ線の上にカーソルを置き，ダブルクリックすると，画面の右側に［データ系列の書式設定］のウィンドウが表示されるので「色と線」アイコンをクリックする。

・「線」のメニューから「実線/点線」を選択する。なお，太さやExcelのコマンドによって種類はさまざまである。下右図は 例を示している。すべて線の「色」は黒，「幅」は2.25とする。

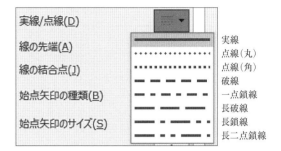

・「マーカー」のメニューから「マーカーのオプション」の「種類」を選択する。マーカーの名称は表示されないので，ここでは，右図のように表示されたドロップメニューの上から順に1〜10とする（■＝1，◆＝2…）。マーカーの「サイズ」はすべて10とする。

・以上の手順により，以下それぞれのデータ系列を設定する。

15〜19歳：実線，マーカー8

20〜24歳：破線，マーカー4

25〜29歳：点線（丸），マーカー3

30〜34歳：長鎖線，マーカー2

35〜39歳：長二点鎖線，マーカーなし

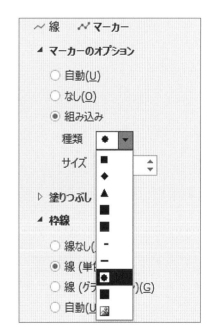

❶ 女性も同じようにグラフを作成する。G2:L15 を選択し，[挿入] タブ-[グラフ] グループ-[折れ線グラフの挿入]-"マーカー付き折れ線" をクリックする(もし作成されたグラフで，横軸が年齢階級，縦軸が% のときは，表記が誤っているため，[挿入] タブ-[データ] グループ-[行/列の切り替え] をクリックして，縦軸を%，横軸を暦年となるように調整する)。

❷ [デザイン] タブ-[場所] グループ-[グラフの移動] をクリックし，「新しいシート」にチェックを入れてシート名を「図表3」とする。

❸ 縦軸上で右クリックし，軸の書式設定をクリックし，最大値を100にする。

❹ "グラフフィルター" をクリックし，系列の「40～49 歳」から「75～79 歳」のチェックをはずし，"適用" をクリックする。

❺ グラフの様式を整える(図表 10-4)。

　図表 2 を見ると男性の 20 代前半は戦前から未婚率が高かったことがわかる。時代による大きな違いは，20 代後半以降の未婚率が大きく上昇したということである。35～39 歳で未婚の割合は，1930 年はわずか 3.9% に過ぎなかったが，2010 年には 35.6% まで上がってきた。図表 3 を見ると，女性の 20 代と 30 代の未婚率も長期間で大幅に上昇してきたことがわかる。

10-3 OECD データベースを利用した人口ピラミッドの作成

　海外データを利用する場合，海外のデータベースを利用する。一部の国際機関は有料でデータベースを販売しているほか，調査会社が販売している有料データベースも多く存在している。中身がよくわからないと，高額なデータベースにやみくもに手を出すことになりかねない。実は主要国の分析に限定すれば，OECD データベースは無料で大変充実している。ただ，アフリカの国々などのデータを利用するときは，世界銀行のデータベースが有力となる。海外データベースを利用する場合，英語で利用しなければならないことがハードルとなるが，総務省が年に 1 回まとめる「世界の統計」を利用すれば，ある程度の国際データを日本語で利用することが可能となる。

　英語にはなるが，OECD の HP に慣れれば，一般の学生でもごく簡単にデータを編集してダウンロードすることができる。ここではあくまで人口に関するデータ分析を行うが，OECD データベースは人口以外にも包括的なデータがあるため，さまざまな統計分析に活用すると便利である。

　次ページの課題 3 では OECD データベースを利用して，主要国の人口データを抜き出し，人口ピラミッドを作成する。数十年前は，世界の国はほぼ男女別年齢階級別人口の図を描くとピラミッドの形をしていた。近年先進国をはじめ多くの国で少子高齢化が進んできたため，ピラミッドの形をしている国が世界的に減ってきている。OECD データベースでは南アフリカやインドの人口ピラミッドが望ましい形をしている。日本は高齢化率が世界のトップとなっていて，少子高齢化が世界で最も進んでいる国になっている。少子高齢化の進捗の程度は，先進国でもさまざまとなっている。人口ピラミッドの望ましい形を知らなければ，日本の状況はわからなくなってしまっている。課題 3 では，南アフリカの男女別年齢階級別データを手に入れて，人口ピラミッドを作成する。

「OECD」シートの男女別年齢階級別人口データを「課題3」シートに貼り付け，南アフリカとイギリスの人口ピラミッドを作成しなさい。

▶データの入手方法

　OECD データベースは加工が必要なため，ダウンロードデータを利用する。「OECD」シートは，OECD の Web ページからダウンロードした Excel ファイルを多少加工したもので，2012 年までの国勢調査と人口推計のデータを収録したものである。

操作手順

◆南アフリカの人口ピラミッド ………………………………………………………………………

❶ 「OECD（South Africa）」シートの 2010 年の男女別年齢階級別人口データをコピーし，「課題3」シートの必要な個所に貼り付ける。その際に行のデータを列に展開するために，コピーした後，「課題3」シート C4 で，［ホーム］タブ-［貼り付け］-［形式を選択して貼り付け］を選択し，［値］と［行列を入れ替える］を選択して，［OK］をクリックする。同様の作業を繰り返し，「課題3」シートの C3:D20 までを埋める。

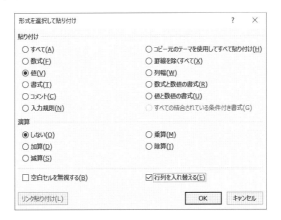

❷ 　南アフリカの人口ピラミッドの作成を通じて，望ましい人口ピラミッドの形状を考える。「図表1」シート名上で右クリックして［移動またはコピー］を選び，［コピーを作成する］にチェックして［OK］をクリックする。

❸ 　新しくできた図表のシート名を「図表4」とする。

❹ 　［デザイン］タブ-［データ］グループ-［データ選択］を選択し，「課題3」シートの B2:B20 と D2:E20 を Ctrl キーを押しながら選択する。

❺ 　図表のタイトルを「図表4　南アフリカの人口ピラミッド」に変え，体裁を整えると，図表 10-5 が完成する。この南アフリカの形状こそ，かつて世界中で見られた一般的な形状である。アフリカ諸国は，多産多死が続いているため，このような単純なピラミッド構造が見られる。

図表 10-5　南アフリカの人口ピラミッド

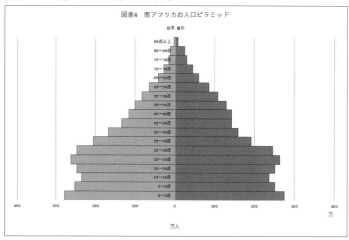

　日本は高齢化が最も進んでいる。ところが，主要国の中で出生率が1前後の特に低い主要国と
シングルマザーの支援や移民の受け入れによって出生率が低くない主要国の2つのケースがある。
前者のケースは，日本，韓国，ドイツなどが挙げられる。後者のケースは，イギリス，フランス，
アメリカなどの国である。そこで，イギリスの人口ピラミッドを作成する。

◆イギリスの人口ピラミッド　……………………………………………………………………

❶　「OECD（United Kingdom）」シートの 2014 年のデータをコピーし，「課題4」シートに貼
　り付ける。

❷　以降の操作は南アフリカの人口ピラミッドと同じとなる。図表5を作成し，日本や南アフ
　リカの図と比較する。

図表 10-6　イギリスの人口ピラミッド

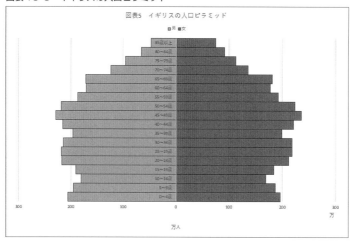

　World Population Prospects 2019 ではさまざまな国の人口ピラミッドを過去・現在だけでなく，将来推計人口で作成された人口ピラミッドも見ることができる。そこで，日本の1950 年，2020 年，2100 年の人口ピラミッドをダウンロードし PowerPoint に貼り付けなさい。その際，出典を明らかにすること。

　同様に世界全体，スウェーデン，シンガポール，南アフリカの1950 年，2020 年，2100 年の人口ピラミッドを PowerPoint に貼り付けなさい。その際，出典を明らかにすること。

　また，人口ピラミッドを貼り付けた次のスライドに論理的な分析に関するコメントを記入して人口問題に関するレポートを作成し，最後にまとめを作成しなさい。

〈人口ピラミッドの取得方法〉

　World Population Prospects 2019（URL；https://population.un.org/wpp/）にアクセスし，"Figures" → "Graphs/Profiles" をクリックする。"Select the location" で "Japan" を選択，"Select the graph" では "Demographic Profiles" → "Population Pyramids" を選択する。

スライドの例

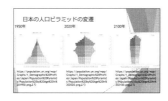

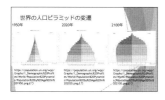

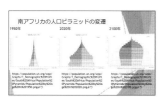

第11講 GIS の使い方を学ぶ

❶ GIS の利用
❷ 統計地図を描くことによる地域の特徴の把握
❸ 統計地図の作成。分析に関する注意点の理解

スキルチェック

❶ jSTAT MAP の基本機能の利用
❷ 統計地図の作成

11-1 GIS

11-1-1 地理情報システムとは

　地理情報システム(Geographic Information System：GIS)とは，緯度経度座標など位置に関する情報を持ったデータを管理し，それを検索，分析して，視覚的に表示することができるシステムである。国勢調査などの公的統計も，地域別(都道府県・市町村)に集計されているため，それらの統計は位置を持つ情報として GIS で処理を行うことができる。位置に関するデータは，鉄道，道路などテーマごとに作成され，GIS 上で位置を基準に重ね合わせて処理できる。

11-1-2 GIS で利用する主なデータ

　日本では 1995 年の阪神・淡路大震災を契機に本格的な GIS の普及が進められてきた。現在，さまざまな地理空間情報が，国や地方公共団体，民間事業者等によって，それぞれの目的に応じて整備されている。国土地理院では，これらの多様な電子地図における位置の基準となる情報として，「基盤地図情報」を整備している。基盤地図情報の項目としては，海岸線，公共施設の境界線，道路縁など 13 項目が定められている。その他，GIS で利用できる人口に関する基盤データとして，国勢調査の小地域統計がある。国勢調査の「町丁・字等別集計」と，この統計を GIS で地図化するための地図データ「町丁・字等別地図(境域)データ」が，1995 年から総務省統計局により整備されている。

11-1-3 WebGIS

　WebGIS とは，Web 上で利用できる GIS である。e-Stat(政府統計の総合窓口)では「地図で見る統計(jSTAT MAP)」が無料で公開されている。この WebGIS は，地理情報システム(GIS)の仕組みを活用し，統計地図の作成や地域分析を行うことのできるシステムである。

jSTAT MAP とは

　汎用的な GIS ソフトとしてよく利用されているのは，ESRI 社の ArcGIS やオープンソース GIS の Quantum GIS などがある。これらの GIS ソフトを利用することでさまざまな分析が可能であるが，ソフトウェアと併せてデータを準備する必要があるため，データの入手，変換，加工に手間がかかり，GIS や統計データの知識がない場合に短時間で利用することは難しい。

　本講で利用する地図で見る統計(jSTAT MAP)では，国勢調査および経済センサス等の統計データを容易に地図上に示すことができ，その統計情報をレポートとして出力できる機能が提供されている。

11－2 | jSTAT MAP の基本機能

11-2-1 **アクセス**

　地図で見る統計(jSTAT MAP)は，誰でも使える Web サイトの地理情報システムであり，都道府県，市区町村などの地域の結果を地図に表示することができる。その他にも保有するデータを取り込んだり，任意の地域で統計を算出や地域の分析レポートの作成を行ったりすることができる。

　実際に利用してみるために，e-Stat の「地図で見る統計（統計 GIS)」のホームページにアクセスする(https://www.e-stat.go.jp/gis)。

　「地図で見る統計(jSTAT MAP)」をクリックすると，ログイン画面になる。

ログイン画面

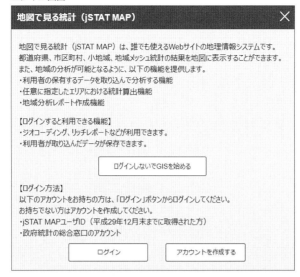

ログインせずに利用することも可能であるが，メールアドレス（アカウント）を登録すれば，詳細な分析レポートの作成や保有する取り込みなどの機能が利用可能となる。

この講では，事前にアカウントを作成していることを前提として演習を行う。

11-2-2　基本機能と背景地図

本項では，jSTAT MAP の基本機能を学ぶ。jSTAT MAP を開くと，次のような地図のメイン画面になる。

メイン画面

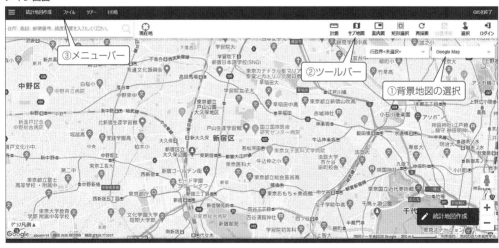

地図の移動操作は基本的に Google マップの地図システムと同様である。メイン画面の構成は図のようになっている。右上のバー（①）をクリックすることで，背景地図の選択ができる。同様に，行政界を地図上に追加することができる。現在のものだけではなく，過去の市区町村界も選択可能である。

背景地図の選択

ツールバー(②)では，さまざまな地図上での操作を行うことができる。

ツールバー

「計測」

　ツールバーの「計測」を選択すると，距離／面積計測画面が表示される。ここでは地図上の距離や面積を測ることができる。「距離計測」では，地図上の2点以上をクリックすることでその距離を表示させることができる。描いたラインを右クリックして，やり直したい場合は「一点取消」「全点取消」を選択し，決定する場合は確定を選択する。「面積計測」では，クリックして地図上に多角形を描くことで面積を表示させることができる。操作方法は「距離計測」と同様である。

「サブ地図」

　「サブ地図」の機能は，地図画面を2分割して同じ地図を表示することができ，メイン地図の状態をサブ地図にコピーするものである。2つのグラフを比較したいときなどに利用する。

　メニューバー(③)では，統計データに関する操作を行うことができる。

メニューバー

「統計地図作成」

　統計地図作成をクリックすると，プロット作成，エリア作成，統計グラフ作成，レポート作成のサブメニューが表示される。地図上にグラフや色分け表示する場合に利用するため，次項で詳細に解説する。

「ファイル」

　他のGIS等で出力された地図データファイルのシェープファイル等を取り込むことができる。

　統計地図作成機能を利用して，統計データを地図上で表す。メニューバーの「統計地図作成」には以下のような機能がある。

「プロット作成」

　「プロット作成」では，地図上にポイントデータを登録することができる。地図上にポイントで情報を置くことができるため，地域の事業所の位置，その統計情報を入力することで，その分布状況を地図上で把握することができる。

「エリア作成」

　プロットが地図上の「点」の情報であるのに対して，エリアは「面」の情報となる。「エリア作成」では，「グループ」を作成した上で，その中で地図上にエリアを作成・登録することができる。エリアは任意の多角形，ある地点を中心とした円，線路や河川のようなラインを中心とした範囲などさまざまな形状のものが作成可能である。

「統計グラフ作成」

　国勢調査，経済センサス等の統計データを利用して，地図上に統計データをグラフや界面塗りなど色分け表示する機能である。統計データの他にも，プロットの数や属性値を指定した範囲で集計してグラフ表示したり，作成したエリア内の集計を行ったりすることもできる。

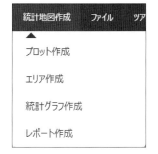

「レポート作成」

　「レポート作成」では，指定したエリア内の統計データをレポートとして出力することができる。簡易にグラフや集計結果を出力できる「シングルレポート」と指定した範囲の主要な情報を出力する「リッチレポート」がある。この機能内容は次項で改めて確認する。

課題　1

東京都23区の単独世帯割合の塗り分け地図を作成しなさい。

操作手順

◆ユーザー登録 ……………………………………………………………………………………

❶　ログイン画面にて「アカウントを作成する」を選択する。

❷　ユーザーID（E-mailアドレス）を入力して仮登録を行う。

❸　自動返信メールが届くので，メールの手順に従って本登録の手続きを行う。

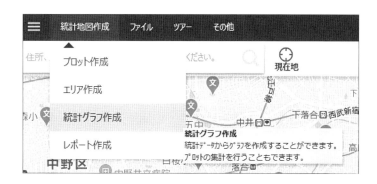

◆統計データのグラフ化 ……………………………………………………………………………

❶ メニューバーの「統計地図作成」から「統計グラフ作成」を選択する。

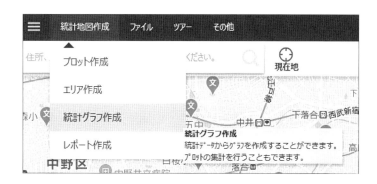

❷ グラフ作成の集計指標選択画面の「統計調査(集計)」において，利用したい統計調査，調査年，集計単位をそれぞれ選択する。ここでは，統計データタブの調査名プルダウンリストから「国勢調査」を選択する。続いて，年プルダウンリストから「2015年」，集計単位プルダウンリストから「市区町村」を選択する。

❸ 調査名，年，集計単位をそれぞれ選択すると，統計表欄に該当する統計表が表示される。ここでは，「単独世帯の割合」を選択する。統計表欄から一つ選択すると，選択した統計表に含まれる内容が指標に列挙される。

❹ 指標の「単独世帯の割合」にチェックをつけて ▼ 指標選択 をクリックすると，下の「選択指標/データ」に選択した指標が表示される。そして， 次へ をクリックする。

◆地域の選択 ……

❶ 集計単位の選択画面が表示される。集計単位として「市区町村」と「エリア」が選択可能
であり，集計範囲として「画面表示範囲」，「行政界選択」，「全国」から選ぶことができる。
集計単位は「市区町村」，集計範囲は「行政界選択」をチェックする。「行政界選択」を選択
すると，下の行政界選択がアクティブになり，行政界単位が選択できるようになるので，東
京都を選び，そして表示したい市区町村を選択する。ここでは，23区をすべて選択する。
選択し終えたら「集計開始」をクリックする。

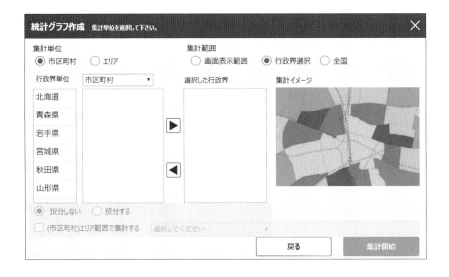

❷ 統計が集計されて次のように地図上に自動で塗り分けされて表示される。ダウンロードデ
ータ（p. 31 参照）の「第11講課題ファイル」（Word ファイル）に，塗り分け地図を貼り付け
る。

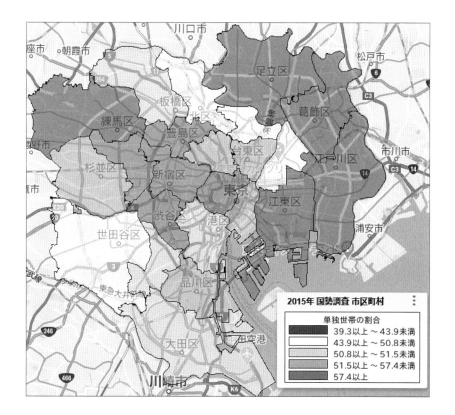

2015年 国勢調査 市区町村

単独世帯の割合
39.3以上 ～ 43.9未満
43.9以上 ～ 50.8未満
50.8以上 ～ 51.5未満
51.5以上 ～ 57.4未満
57.4以上

11-2-4　分析レポートの作成

　jSTAT MAP には，分析したいエリアを指定して，その範囲における統計データを分析したものをレポートとして出力する機能があり，その内容は以下の2種類に区分されている。

「シンプルレポート」

　　作成した統計グラフを HTML や Excel で出力する機能である。シンプルレポートの場合は，すでに作成されたグラフについて，グラフとその集計結果が示される。作成したグラフの情報を取り出したいときに利用する。

「リッチレポート」

　　地図上で指定した地点やエリアに関するレポートを Excel で出力する機能である。リッチレポートはログインした利用者のみに提供されている機能である。現在，国勢調査と経済センサスの統計データが利用可能である。これらの統計データについて，指定した範囲で，年齢別人口構成比，人員別世帯構成比のグラフ，人口や世帯数といった主要な統計値の集計結果，マップキャプチャなど多くの情報を出力できるようになっており，地域の主要な統計情報を全体的に把握したいときに便利な機能である。

課題 ❷

　jSTAT MAP を利用して新宿駅周辺 2 km 圏内の統計データを示しなさい。

⑴　jSTAT MAP の「リッチレポート」を使って主要な統計情報を出力しなさい。

⑵　出力されたグラフや集計結果から，新宿駅周辺の特徴を述べなさい。

◆レポート内容の設定 ……

❶ メニューバーの中からレポート作成を選択してクリックする。

❷ レポートの作成について選択画面が表示される。ここでリッチレポートをクリックする。

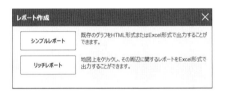

❸ 左側の項目についてレポートが出力される。それぞれの項目ごとに Excel シートが作成され，そのシート内で集計結果が表示される。例えば，基本分析のシートでは，年齢別人口構成比（人口ピラミッド），人員別世帯構成比のグラフと集計結果が出力される。ここではすべてにチェックをつけたままにする。また，「円・到達圏」・「ユーザーエリア」の選択について，「ユーザーエリア」は事前に自ら作成したエリアを指定できるが，ここでは「円・到達圏」のままにする。調査年次では，国勢調査と経済センサスの調査年次が選択可能であるが，最新年次としておく。「次へ」をクリックする。

◆エリア指定 ………

❶ エリアを指定する画面が表示される。この画面では，中心点を指定して円あるいは到達圏

からエリアを設定する。到達圏は「徒歩」あるいは「車」を選択し，時速を設定することで，その範囲を指定するものである。ここでは，エリアは「半径指定」，エリア半径2kmにチェックをつける。さらに，半径エリアの中心となる新宿駅をクリックしてエリアを指定して，「リッチレポートを作成する」をクリックする。

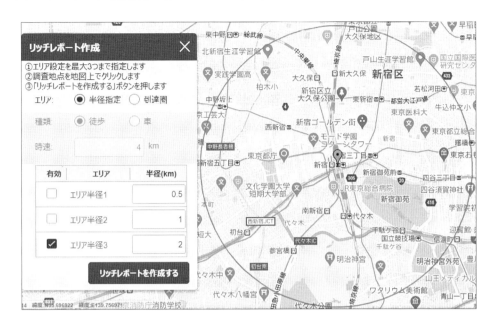

❷　エリア内の統計データの集計が始まり，処理が終了すると，レポートのダウンロードが可能となるので，ダウンロードをクリックしてレポートを保存する。

❸　レポートは Excel 形式で作成され，シートごとに統計データの分析結果が示される。

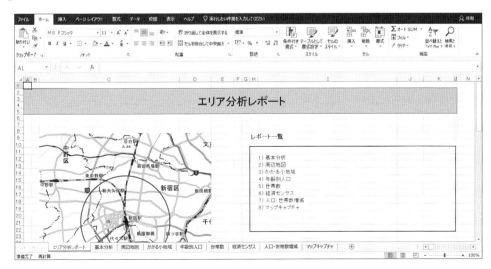

「基本分析」シートには人口-世帯構成が図表でまとめられており，「経済センサス」シートには産業構成が図表で示されている。それらの図表をダウンロードデータの Word ファイルに貼り付けて，新宿駅周辺の特徴を 500 字以上でまとめる。

11-2-5　統計地図作成における注意点

市区町村等の地域の面積が異なる場合において，塗り分け地図を作成する際には，項目が実数であるか算出値（割合等）であるかは区別する必要がある。例えば，人口が同じでも面積が異なれば人口密度は異なるため，面積が違う地域を人口によって同じ色で塗り分けた統計地図は地域の人口分布のようすを正しく表現しているとはいえない。産業別事業所数など分類された項目別に統計地図を作成する際には，分類された項目の「総数」に対する割合を地図上に表す。例えば，製造業事業所数が 100 であっても，全事業所数が 500 のときと 1000 のときではその相対的な重要度は異なるためである。

演習問題

1. 2016 年経済センサス-活動調査のデータから東京都 23 区の第 2 次産業従業者の割合を地図上に塗り分けして示しなさい。

2. 任意の地域において，リッチレポートを利用して，出力した周辺 2 km 圏内の統計情報について，その地域の特徴を 500 字以上で，Word ファイルにまとめなさい。

レクチャーポイント

❶ 中心移動平均，後方移動平均，中心化移動平均の違い
❷ 前年同期比，前期比年率，年率換算
❸ 月別平均法等の季節調整法

スキルチェック

❶ マーカー付き折れ線グラフの作成
❷ 分析ツール「移動平均」

12−1 | 中心移動平均，後方移動平均，中心化移動平均

　増減の反復が激しいデータの場合，そのデータの増減がよくわからないケースがある。こうしたデータは，原系列（げんけいれつ）（オリジナルデータ）を加工して傾向的な変動を見る必要がある。移動平均は時系列データだけに用いることができる手法で，数期の時系列データの平均を求める。そうすることで簡易にデータの傾向的な変動を捉えることができる。移動平均にウェイトを設定する場合もある。

　ある期を中心にして前後同じ期数分の時系列データの平均を取る場合，中心移動平均となる。一方，直近のデータの数が不足するような状況では後方移動平均が利用される。後方移動平均は，ある期よりも過去の系列の移動平均である。そのため，直近の系列まで移動平均を見ることができる。

　移動平均は，対象となるデータの個数が奇数か偶数かということが重要となる。対象となるデータが奇数である場合，中心移動平均や後方移動平均を利用するケースが多い。

・3期の中心移動平均：定義式は以下の通り。

$$\bar{x} = \frac{(x_{t-1} + x_t + x_{t+1})}{3}$$

・3期の後方移動平均：定義式は以下の通り。Excelの分析ツール「移動平均」は後方移動平均が標準装備されている。

$$\bar{x} = \frac{(x_{t-2} + x_{t-1} + x_t)}{3}$$

・中心化移動平均：中心化移動平均は，偶数の時，2つの移動平均の平均を取る。例えば4期の移動平均は，以下の式で導出する。

$$\frac{\dfrac{x_1 + x_2 + x_3 + x_4}{4} + \dfrac{x_2 + x_3 + x_4 + x_5}{4}}{2}$$

　今仮にある年の生産レベルが100に設定された鉱工業指数をベースに2014年3月の4期の中心化移動平均を求めるとすると，1〜4月の移動平均値と2〜5月の移動平均値の平均を取る。季節のデータを処理するためには奇数と偶数の移動平均を組み合わせる必要がある。四半期や月次といっ

た時系列データは季節によって決まった増減をするので，こうした変動を季節性，季節変動などという。X年1〜12月であれば，6.5月の移動平均値が得られる。X年2月〜X＋1年1月までであれば，7.5月の移動平均値が得られる。それらの平均をとり（中心化移動平均），7月のデータを出すということになる。1年のデータは偶数なので，実際の季節調整でも中心化移動平均を利用している。詳しい方法はここでは省く。

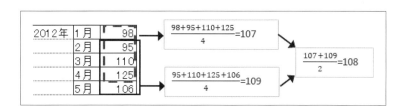

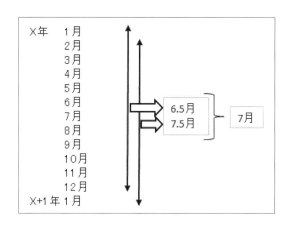

12-2 移動平均の計算例

　課題1では12-1で学んだいくつかの計算方法を実際に試し，比較することでその特徴を学ぶ。

▶**資料の入手方法**　鉱工業指数データを経済産業省のWebページから入手する。

　【経済産業省トップページ】→【統計】→　右側の【主要統計 - 指数 - 鉱工業指数(IIP)】→　右側の【鉱工業指数 - データダウンロード】→【財別 - 月次 - Excel系列 - 原指数】をダウンロードし，鉱工業の系列をコピーしてダウンロードデータ(p.31参照)の「課題1」シートに貼り付ける（今回使用している系列の正式名称は「総合原指数【月次】付加価値額生産(2015年＝100.0)」である）。

図表12-1　「課題1」シート

	A	B	C	D	E	F	G
1	鉱工業指数　財別　月次　鉱工業						
2			原系列	3期中心移動平均	3期後方移動平均	季節調整値	12期後方移動平均
3	2016	1月	91.9				
4		2月	97.3				
5		3月	111.2				
6		4月	96.0				
7		5月	91.6				
8		6月	102.8				

図表12-2　原系列と移動平均

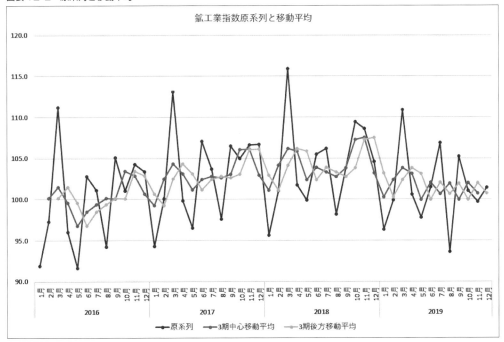

鉱工業指数（IIP，Indices of Industrial Production）

　鉱工業指数は経済産業省が各品目の生産状況を把握するために，大口の生産者に依頼して作成する生産動態統計をもとに指数化された加工統計である。この統計を活用することで簡易に全体の生産状況を把握できるので，景気動向を見る際に幅広く分析に用いられる。今回利用する指数はある年を100としたときの指数を計算したもので，5年に一度基準改定を行って基準年を更新している。今回のデータは2015年の平均的な各月の水準を基準としている。ここでは製造業を中心とした付加価値額指数を見る。

課題 ─ 1　後方・中心移動平均の計算

　鉱工業指数の月次データ（製造工業）を利用して，3期の中心移動平均，後方移動平均を求める。鉱工業指数（財別月次鉱工業の）中心移動平均と後方移動平均を求め，比較グラフを作成しなさい。なお，第12講の課題，演習問題はダウンロードデータ（p.31参照）を利用する。

操作手順

❶ 「課題1」シートのC3にカーソルを置き，［表示］タブ−［ウィンドウ］グループ−［ウィンドウ枠の固定］−［ウィンドウ枠の固定］をクリックする。D4に「＝(C3＋C4＋C5)/3」と入力し，D4をコピーし，D5:D49に貼り付ける。

❷ E5に「＝(C3＋C4＋C5)/3」と入力し，E5をコピーし，E6:E50に貼り付ける。

❸ 原系列と移動平均の比較グラフを作成する。A2:E50を選択し，［挿入］タブ−［グラフ］グループ−［折れ線／面グラフの挿入］−［マーカー付き折れ線］をクリックする。

❹ ［デザイン］タブ−［場所］グループ−［グラフの移動］をクリックし，新規シートに移してシート名を「図表1」とする。

❺ ［デザイン］タブ−［グラフ要素を追加］−［凡例］−［上］を選択する。グラフタイトル「鉱工業指数原系列と移動平均」とする。縦軸の書式設定で，縦軸最高値を120，最低値を90として図表1の様式を整える。（図表12-2）。

　実際に作成された移動平均2系列を見ると，移動平均という単純な操作だけで原系列のデコボコした変動が相当緩和されていることがわかるが，依然としてなだらかな系列にはなっていない。なだらかな系列を求めるには，以降で扱う前年同期比や季節調整が必要となる。

12−3 データの季節性

12-3-1 季節性

　時間の推移に従って与えられるデータが時系列データ(タイムシリーズ)である。時系列データは，月次，四半期，暦年，年度といった種類に分けられる。このうち月次，四半期のデータは季節によって大きく影響を受けて変動する。この変動が激しいデータもあれば，変動がわずかしか示されないデータもあり，全く変動が確認されないデータもある。暦年，年度のデータも閏年(うるうどし)，気温の高低，曜日の配置によって，変動に違いが見られるはずだが，基本的に変動を問わない。月次と四半期値について変動が問われることとなる。例えばアイスクリームは夏に売れるが，冬は売れないから，その売上は季節によって大きく変動する。こうした季節によるデータの変動を季節性，季節変動などと呼ぶ。

　例えば，所得のデータであれば，6月と12月のボーナス時期の水準が高く，それ以外の時期は低い。先の図表12-2を見ればわかるように，原系列の季節による変動が激しい場合，そのデータが増加しているか，減少しているか判断が難しいことになる。そこで，原系列から季節性を取り除いて分析することになる。季節性を取り除く簡易な方法は前年同期比を取ることである。しかし，前年同期比で季節性を取りきれないため，本格的に季節性を取り除く季節調整が必要となる。

12-3-2 前年同期比

　前年同期比は季節性を簡易に取り除くことを目的に利用される。前年同期比は，月次データの場

合以下で表される。四半期の場合，以下の定義式の 12 を 4 に変える。

$$x_t = \frac{y_t - y_{t-12}}{y_{t-12}} \times 100 = \frac{y_t}{y_{t-12}} \times 100 - 100$$

　季節性を取り除くことは，季節調整と呼ばれる。ここでは季節調整の基本的な手法について学ぶ。原系列に対して，季節性を取り除いたデータは，「季節調整済系列」などと呼ばれる。季節調整を行うのは手間がかかるため，一般に簡易的な方法として，前年同期比が利用されることがある。前年同期比は前年と季節性が変わらないことを前提にして，増減率を簡易的に求める方法のことである。四半期や月次，日時といった季節性がある系列の前期比増減率を利用する場合，前期比増減率の優先順位は以下の通りとなる。
A 季節調整済系列の前期比増減率＞B 前年同期比＞C 原系列の増減率

　しかし，もし A が公表されていないが，C だけが公表されている場合，A を自力で計算しなければならない。ただ，その知識や手間をかけられないケースの場合に B を利用することになる。季節性は前年同期比を求めることで，おおむね 9 割以上除去することはできるので，簡易的な方法でも有効である。

12-3-3　前期比年率，年率換算

　前期比年率，年率換算は直接季節調整法とは関係ないが，月次や四半期の時系列データであれば季節調整値と組み合わせて利用される。時系列データの分析を行う場合，前期比増減率の分析では要因分解の他に前期比年率も用いられる。特にこれは四半期データでしばしば使われる。「その期の前期比変動率が 1 年続くと，どの程度の増減率になるか」を計算するのが，前期比年率である。四半期の場合以下の計算となる。月次の年率換算は通常行わないが，もし月次データで年率換算する場合 4 を 12 に変更することになる。

$$x_t = \left(\left(\frac{y_t}{y_{t-1}} \right)^4 - 1 \right) \times 100$$

※　注意すべきは，年率の場合あくまで今後も 1 年間同じ成長が続いた場合の仮定であって，実際に成長しているわけではないことだ。消費税の増税判断では，景気条項として経済の規模を示す国内総生産についてある時期の前期比年率が一定以上であれば増税とし，その水準を下回れば，増税を見送るという意思決定を政府が行うことがある。問題なのはその判断として用いられるのが年率換算値ということである。一時的に景気がよいというだけで高い成長率を記録したところで，判断してしまえば，景気がよいように見せかけることができる。景気のよくなりそうな局面で増税判断を行い，後で予想を下回る統計が公表されるというパターンである。したがって，ニュース速報や新聞の見出しだけで年率換算値を盲目に受け入れることは情勢判断を見誤る可能性がある。

課題 2　前年同期比による季節性の除去

　鉱工業指数を利用して，前年同期比（D 列）を求め，原系列と比較した時系列グラフを作成しなさい。次に求めた前年同期比について前期比増減率（E 列）と前期比年率（F 列）を求めなさい。

図表 12-3 「課題 2」シート

	A	B	C	D	E	F
1	鉱工業指数	財別	月次	鉱工業		
2			原系列	原系列の前期比増減率	前年同期比	前期比年率
3	2016	1月	91.9			
4		2月	97.3			
5		3月	111.2			
6		4月	96.0			
7		5月	91.6			
8		6月	102.8			
9		7月	101.1			
10		8月	94.2			
11		9月	105.1			

操作手順

◆鉱工業指数の前年同期比を求め，原系列と比較する。 ⋯⋯⋯⋯⋯⋯⋯⋯⋯⋯⋯⋯⋯⋯⋯⋯⋯

❶ 「課題 2」シートの C3 にカーソルを置き，[表示] タブ-[ウィンドウ] グループ-[ウィンドウ枠の固定] -[ウィンドウ枠の固定] をクリックしてウィンドウ枠を固定する。

❷ 原系列の前期比増減率を求めるため，D15 に「＝(C15－C14)/C14＊100」と入力する。D15 をコピーして，D16:D50 に数式を貼り付ける。

　2017 年 1 月の前年同期比を求めるために，2017 年 1 月のデータを 2016 年 1 月のデータで割って 100 を掛ける。そこで E15 に「＝C15/C3＊100－100」と入力し，E16:E50 に式をコピーする。

❸ D2:E2 を選択し，Ctrl キーを押しながら D15:E50 を選択して，[挿入] タブ-[グラフ] グループ-[折れ線／面グラフの挿入] -[マーカー付き折れ線] を選択する。

❹ [デザイン] タブ-[データ] グループ-[データの選択] を選択し，横軸ラベルの [編集] で A15:B50 を選択する。

❺ [デザイン] タブ-[場所] グループ-[グラフの移動] で「新しいシート」を選び，シート名を「図表 2」とする。

❻ 縦軸の最大値と最小値は自動とする。グラフエリアをクリックして，右上の [グラフ要素] -「凡例」をクリックする。凡例の位置を上としてグラフの様式を整える(図表 12-4)。

図表 12-4　鉱工業指数と前年同期比

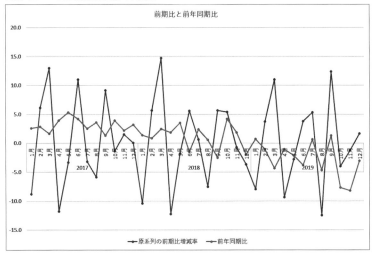

確認すべきは反復運動を繰り返していて，変動方向が不明確な原系列に比べて，前年同期比は
わかりやすい変動を示しているということである。鉱工業指数のベースとなる財の多くは輸出財
のため，為替レートの影響を受けて市況が大幅に変化することで知られる。今回の系列の山と谷
の変化の違いをよく見てもらいたい。

◆前期比年率を求める。 ⋯⋯⋯⋯⋯⋯⋯⋯⋯⋯⋯⋯⋯⋯⋯⋯⋯⋯⋯⋯⋯⋯⋯⋯⋯⋯⋯⋯⋯⋯⋯⋯

❶ F15 を選択し，「＝((1＋E15/100)^12−1)＊100」と入力する(増減率や金利は小数を見な
くてすむよう通常パーセント表示されており，r と表記するところを 100r% と表記する。
E15 を 100 で割るのはパーセント表示を数値に戻すため。例，パーセント表示 3%⇒数
値 0.03)。

❷ F15 の数式をコピーして F16:F50 に貼り付ける。前年同期比の前期比増減率と比べて，
前期比年率のほうが絶対値が大きくなりやすいことがわかる。

前年同期比は季節性を簡易的に取り除く目的で作成する系列で，前期比年率は増減率を年率表
示するために作成する系列なので，両者の目的は異なる。違いはすでに説明した通りである。し
かし，両方とも月次・四半期のデータの分析ではしばしば利用される。年に 8 回公表されて社会
的に注目される内閣府の GDP 速報は「年率換算の季節調整系列」という，年率換算と課題 3 で
使用する季節調整を組み合わせた系列で公表されている。

12−4 | 季節調整

12-4-1 加法モデルと乗法モデル

時系列データは，傾向変動(T：trend variation)，循環変動(C：cycle variation)，季節変動(S：
seasonal variation)，不規則変動(I：irregular variation)の 4 つの要素に分解することができる。
時系列データは，加法モデルと乗法モデルの 2 つの形式に当てはめることができる。

加法モデル $Y_t = T_t + C_t + S_t + I_t$ 乗法モデル $Y_t = T_t \times C_t \times S_t \times I_t$

2 つのモデル共に傾向変動と循環変動を分離することはできない。したがって，時系列分析では
通常この 2 つをセットで見ていくこととなる。この講では移動平均を説明したが，この移動平均と
いう手法は季節性をデータから取り除く，季節調整という手法で利用される。原系列に季節性が含
まれると，季節の反復運動が反映されて増減がわからず，分析しにくくなる。原系列から季節性を
取り除いて季節調整値を見ることで，データの傾向的変動を見やすくする。

日本では長年移動平均をもとにした季節調整法が利用されてきているが，国際的には移動平均を
利用しない季節調整法も多く利用される。移動平均は異常値が記録されている場合でも前後のデー
タが異常値に引きずられてしまうというリスクがある一方で，移動平均を利用しないと実際に利用
しているデータとかい離した調整値となってしまう課題がある。しかし，ここでは話を単純化して
移動平均に基づいた季節調整法を用いて実際に原系列から季節性を除去してみよう。加法モデル，
乗法モデルとも季節調整ではよく利用されるので，加法モデルを利用した季節調整値を計算する。

　月別平均法は季節変動を簡易的に取り除く季節調整法の一つである。課題1で使用した鉱工業指数原系列を利用して表を完成させ，月別平均法で季節調整をしなさい。季節調整値が求められたら，「課題1」シートの季節調整値列に貼り付け，12期後方移動平均を計算しなさい。またマーカー付き折れ線グラフで原系列と季節調整値との比較グラフを作成しなさい。

操作手順

◆季節調整値を求める。 ……………………………………………………………………………………

❶ 「課題1」シートC3:C14をコピーし，「課題3」シートB4を選択し，[ホーム]タブ-[クリップボード]グループ-[貼り付け]の下矢印をクリックし，「形式を選択して貼り付け」をクリックする。

❷ 「値」と「行列を入れ替える」を選択し，[OK]をクリックする。「値」は，貼り付け先の様式を一切変更しないときに選ぶ。「行列を入れ替える」は縦列を横に展開するか，あるいは横行を縦列に展開するようなケースで選択する。

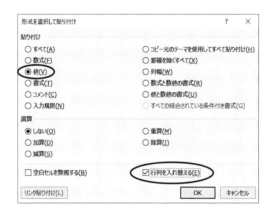

❸ 同様に2016〜2019年のデータも埋める。B5:M7にコピー，貼り付けを繰り返す。

❹ 8行目「平均」には，各年の月の平均値を求める。B8を選択し，[ホーム]タブ-[編集]グループ-[オートSUM]の下矢印を押して「平均」を選ぶ。B4:B7が選択できていることを確認して，Enterキーを押す。同様にB8をコピーしてC8:M8に貼り付ける。

図表12-5　課題3　月別平均法による季節調整演習

	A	B	C	D	E	F	G	H	I	J	K	L	M	N
1	鉱工業指数　財別　月次　鉱工業													
2	総合原指数【月次】付加価値額生産（平成22年＝100.0）													
3		1月	2月	3月	4月	5月	6月	7月	8月	9月	10月	11月	12月	
4	2016年	91.9	97.3	111.2	96.0	91.6	102.8	101.1	94.2	105.1	101.0	104.3	103.4	
5	2017年	94.3	100.1	113.1	99.8	96.5	107.1	103.7	97.6	106.5	105.0	106.6	108.7	
6	2018年	95.6	101.0	115.9	101.7	99.9	105.5	106.2	98.2	103.8	109.4	108.8	104.6	
7	2019年	96.3	99.9	110.8	100.6	97.8	101.5	106.9	93.6	105.2	101.0	99.7	101.4	
8	平均	94.5	99.6	112.8	99.5	96.5	104.2	104.5	95.9	105.2	104.1	104.8	104.0	102.1
9	指数	0.93	0.98	1.10	0.97	0.94	1.02	1.02	0.94	1.03	1.02	1.03	1.02	
10														
11		1月	2月	3月	4月	5月	6月	7月	8月	9月	10月	11月	12月	
12	2016年	99.3	99.8	100.7	98.5	97.0	100.7	98.8	100.3	102.1	99.1	101.6	101.5	
13	2017年	101.9	102.7	102.4	102.4	102.2	104.9	101.4	103.9	103.4	103.0	103.9	104.8	
14	2018年	103.3	103.6	105.0	104.4	105.8	103.4	103.8	104.6	100.8	107.3	105.8	102.7	
15	2019年	104.0	102.5	100.4	103.2	103.6	99.5	104.5	99.7	102.2	99.1	97.2	99.5	

❺ N8 は，各月の平均値の平均を入れる。そこで N8 を選択し，［ホーム］タブ-［編集］グループ-［オート SUM］の下矢印を押して「平均」を選ぶ。B8:M8 が選択できていることを確認して，Enter キーを押す。

❻ 9 行目「指数」は，季節指数を求めるもので，B9 を選択し，「= B8/$N$8」と入力する。B9 をコピーして C9:M9 に貼り付ける。季節指数は 1 年の平均を 100 とした時のその期の代表値を示したもので，季節性を取り除く際に利用される。

❼ 季節調整値を求める。B12 を選択し，「= B4/B$9＊100」と入力する。同様に B12 をコピーして B12:M15 に貼り付ける。

図表 12-6　原系列と季節調整値

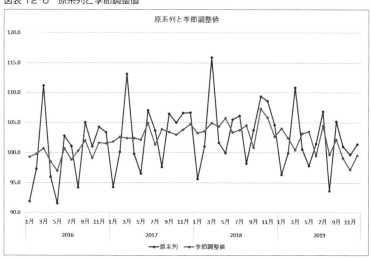

◆「課題 1」シートの季節調整値 ……………………………………………………………………

❶ 季節調整値の B12:M15 を行ごとにコピーし，「課題 1」シート F3 以降に順次貼り付ける。B12:M12 をコピーし，［ホーム］タブ-［クリップボード］グループ-［貼り付け］の下矢印をクリックし，「形式を選択して貼り付け」をクリックする。「値」と「行列を入れ替える」を選択し，［OK］をクリックする。これを 4 年分のデータに関して繰り返す。

❷ F3:F50 を選択し，［ホーム］タブ-［数値］グループ-［小数点以下の表示桁数を減らす］で小数点を 1 桁に設定する。

❸ 季節調整値を利用して 12 期後方移動平均で 2020 年 1 月値の予測を行う。今度はデータ分析の「移動平均」を使う。［データ］タブの右端に［データ分析］が表示されていれば，それをクリックする。もし表示されていなければ，次ページ※の作業を行う。

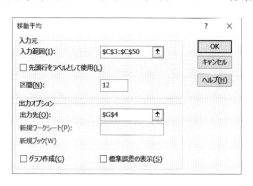

［分析］グループ-［データ分析］-「移動平均」を選択し，［OK］をクリックする。次に「課題1」シートの入力範囲を $C$3:$C$50，区間を12，出力先を $G$4 に設定して，［OK］をクリックする。すると，Excel は自動で移動平均を計算する。このデータ分析で想定される移動平均は，後方移動平均であることからもわかるように，時系列データの分析で利用する移動平均は後方移動平均である。

※　分析ツールの表示方法

　Excel で分析ツールやソルバーを利用したことがない場合，それらのコマンドが表示されない。その場合，［データ］タブ右端の空きスペースで右クリックし，「リボンのユーザー設定」をクリックすると，「Excel のオプション」画面が開くので，左側から「アドイン」を選び，一番下の行で「Excel アドイン」の右の設定ボタンをクリックする。分析ツール（もし今後ソルバーアドインを利用する場合はそれもチェック）にチェックを入れ，［OK］をクリックすると［データ］タブの右端に［分析］グループが構成され，［データ分析］コマンドを利用できるようになる。

　G15 に「＝AVERAGE(F3:F14)」と入力し，G15 をコピーして，G16:G51 に数式を貼り付ける。このように季節調整値を利用すると過去の傾向が変わらなければ，大まかな予測値をはじくことができる。

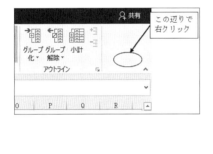

◆原系列と季節調整値との比較グラフ ……………………………………………………………

❶　「課題1」シート C2:C50 を選択し，さらに Ctrl キーを押しながら F2:F50 までを選択し，［挿入］タブ-［グラフ］グループ-［折れ線／面グラフの挿入］-［マーカー付き折れ線］をクリックする。

❷　［デザイン］タブ-［データ］グループ-［データの選択］を選び，横軸ラベルの［編集］ボタンを押し，「課題1」シートの A3:B50 を選択して［OK］をクリックする。縦軸の最大値を120，最小値を90として様式を整える（図表12-6）。

課題 ④ 季節調整の応用

　図表 12-7 は第 3 次産業活動指数のデータである。経済産業省の Web ページから入手し，Excel 上にこの表を作成しなさい。またマーカー付き折れ線グラフで原系列と季節調整値との比較グラフを作成しなさい。　※　この課題は 2 段階で考える。第 1 段階は，季節変動要因を持つ原系列からその要因を除去する。第 2 段階で季節調整値を基準化する。

図表 12-7　第 3 次産業活動指数

		原系列	中心化移動平均	季節変動部分	各期の季節変動部分の平均値	基準化された季節変動部分	季節調整済系列
2014	Q1	103.7			-0.1	-0.1	103.8
	Q2	100.0			-1.1	-1.1	101.1
	Q3	102.0	102.2	-0.2	0.0	0.0	102.0
	Q4	103.4	102.3	1.1	1.2	1.2	102.2
2015	Q1	102.9	102.8	0.1	-0.1	-0.1	103.0
	Q2	101.9	103.1	-1.2	-1.1	-1.1	103.0
	Q3	103.6	103.4	0.3	0.0	0.0	103.6
	Q4	104.4	103.6	0.8	1.2	1.2	103.2
2016	Q1	104.1	103.7	0.4	-0.1	-0.1	104.2
	Q2	102.3	103.8	-1.5	-1.1	-1.1	103.4
	Q3	104.2	103.9	0.3	0.0	0.0	104.2
	Q4	105.1	104.0	1.1	1.2	1.2	103.9
2017	Q1	103.9	104.3	-0.4	-0.1	-0.1	104.0
	Q2	103.6	104.6	-1.0	-1.1	-1.1	104.7
	Q3	105.0	104.9	0.2	0.0	0.0	105.0
	Q4	106.3	105.2	1.1	1.2	1.2	105.1
2018	Q1	105.1	105.4	-0.3	-0.1	-0.1	105.2
	Q2	104.9	105.7	-0.8	-1.1	-1.1	106.0
	Q3	105.7	106.1	-0.4	0.0	0.0	105.7
	Q4	108.0	106.3	1.7	1.2	1.2	106.8
2019	Q1	106.2	106.7	-0.5	-0.1	-0.1	106.3
	Q2	105.7	106.7	-1.0	-1.1	-1.1	106.8
	Q3	107.9			0.0	0.0	107.9
	Q4	106.1			1.2	1.2	104.9
					-0.005		

操作手順

◆中心化移動平均による季節変動部分の除去 ………………………………………………………

❶　【経済産業省トップページ】→【統計】→【主要統計-指数-第 3 次産業活動指数】→【統計表一覧（データ）】→【第 3 次産業活動指数(ITA)-原指数-年・年度・四半期-Excel 形式】をダウンロードし，「第 3 次産業総合」系列をコピーして「課題 4」シートに貼り付ける。

❷　「課題 4」シートの C3 にカーソルを置き，［表示］タブ-［ウィンドウ］グループ-［ウィンドウ枠の固定］-［ウィンドウ枠の固定］をクリックする。

中心化移動平均

$$CMA_t = \frac{\dfrac{Y_{t-2} + Y_{t-1} + Y_t + Y_{t+1}}{4} + \dfrac{Y_{t-1} + Y_t + Y_{t+1} + Y_{t+2}}{4}}{2}$$

　このとき，CMA_t は傾向変動（T）と循環変動（C）を足したものに相当すると理解される。T と C は一般的に分離できない。

　$CMA_t = T_t + C_t,\quad Y_t = CMA_t + S_t + I_t$

❸　D5 に「中心化移動平均」を求める式として「=((C3＋C4＋C5＋C6)/4＋(C4＋C5＋C6＋C7)/4)/2」と入力する。D5 をコピーし，D6:D24 に貼り付ける。

❹　E5 に「季節変動部分（と不規則変動部分）」を求める式「＝C5－D5」を入力する。E5 を

コピーし，E6:E24 に貼り付ける。

❺ 「各期の季節変動部分の平均値」を求める。F5 に「＝AVERAGE(E5, E9, E13, E17, E21)」と入力し，F5 をコピーし，F6:F8 に貼り付ける。

❻ F5:F8 をコピーし，F9:F12 に「値」を貼り付ける。同様に F 列の残りのセルも貼り付けて埋める。F3，F4，F25，F26 にも貼り付ける。

❼ F28 に「＝SUM(F3:F6)/4」と入力し，「各期の季節変動部分の平均」を基準化する(この基準化は各期の季節変動の総和をゼロに調整するための手続きである)。

❽ 「基準化された季節変動部分」を求めるため，G3 に「＝F3−$F$28」と入力し，G3 をコピーし，G4:G26 に貼り付ける。

❾ 季節変動部分を除去した系列を求めるため，H3 に「＝C3−G3」と入力し，H3 をコピーし，H4:H26 に貼り付ける。

◆原系列と季節調整済み系列との比較 ……………………………………………………………

❶ C2:C26 を選択し，Ctrl キーを押しながら H2:H26 を選択し，［挿入］タブ−［グラフ］グループ−［折れ線／面グラフの挿入］−［マーカー付き折れ線］をクリックする。

❷ ［デザイン］タブ−［データ］グループ−［データの選択］を選択し，横軸ラベルの［編集］で A3:B26 を選択し，［OK］をクリックする。

❸ グラフを新規シートに移す。［デザイン］タブ−［場所］グループ−［グラフの移動］−「新しいシート」を選択し，シート名を「図表 4」とする。

❹ 縦軸の最大値を 110，最小値を 95，目盛を 1.0 としてグラフの様式を整える(図表 12-8)。

図表 12-8

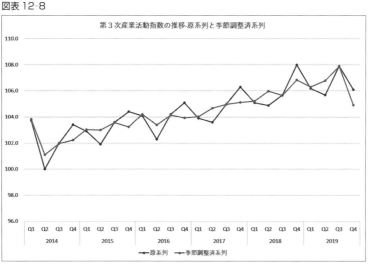

演習問題

　課題 4 と同様の手段で，「演習問題」シートを利用して季節変動を除去した系列を求め，図表 12-8 と同様に「マーカー付き折れ線」グラフを作成して原系列と季節調整系列を比較しなさい。用いるデータは，国内総生産を構成するデータの一つで，総固定資本形成である。これは在庫額を除いた投資のことを指している。

第5編

第

5

編

財政・政策分野での応用

レクチャーポイント

❶ 社会保障費給付費の増加
❷ 国民負担率の推移，IMF データベース
❸ 政府部門別収支を把握
❹ 対数グラフ

スキルチェック

❶ 縦棒グラフ，積み上げ縦棒グラフの作成
❷ 複合グラフ
❸ 対数目盛の設定
❹ 近似曲線の設定

13−1 | 社会保障給付費の増加

　政府財政と社会保障は少子高齢化の進行とともに常に問題とされる。本講では，政府財政と社会保障の統計を主要指標とともに学び，体系的に分析する能力を身に付ける。最初に社会保障を取り上げる。社会保障制度は，医療，年金，介護，福祉その他という 4 つに分類できる。福祉その他には恩給，労働災害といった内容が含まれている。基本的なフレームは，企業や個人から社会負担を集めて，必要とする人に社会保障給付費を支払うという仕組みとなっている。近年は，少子高齢化の進行に伴って，医療費の増大や，年金，介護の増加によって給付費が年々増加しており，制度の安定性が危ぶまれるようになっている。この課題では，社会保障給付費の増大をデータで学ぶ。

　13 講では 4 種類の統計を使用する。社会保障の統計は制度ごとに多数存在するため，全体を総括する上で「社会保障統計年報」が用いられることがある。いずれも少子高齢化・人口減少を受けて若年世代に多くの負担が生じており，厳しい歳出削減を求められる中で負担が増加している。

　政府財政の統計は，ここでは 5 つ取り上げる。

・社会保障分野
国立社会保障・人口問題研究所「社会保障統計年報」………制度ごとに多数の情報がある中で，わかりやすく社会保障のマクロ的なデータを提供する貴重な情報源として知られる。課題 1 で扱う。
・政府財政分野
財務省及び国税庁の統計………所得税，法人税，消費税という，主要な国税 3 税と国税収入がまとまっている。国民負担率も財務省が定期的に公表する指標である。国民負担率はフロー概念とストック概念が混ざった指標なので海外では使われない，日本の財務省によるガラパゴスな指標であり，政策を決めるうえでの学問的な議論では利用されにくい。一般の国民にはわかりやすいため，この分野では比較的よく利用される。課題 2 で政府の一般会計予算額を扱う。この情報以外に地方税があり，それぞれ自治体でまとめられる。　※フロー・ストックは p.141 を参照。
地方財政統計年報………総務省が自治体に調査して取りまとめている地方政府の収支をまとめた重要な統計である一方，当該期間終了後公表に 1 年以上という時間がかかることでも知られる。今回課題では利用しない。

国民経済計算年次推計の財政統計（IMF が定める政府財政統計をカバー）………フロー編付表 6-1
で後述する一般政府，中央政府，地方政府，社会保障基金それぞれについて，財政収支と国債の
利払いを財政収支から除いたプライマリーバランス（PB）が公表される。日本の中央政府は将来
的に PB を黒字化する目標を立てており，それに合わせて中長期の経済財政政策や増減税，社会
保障負担の調整が行われる。付表 6-2 に政府財政統計の一部が公表される。課題 4 と演習問題で
扱う。

IMF "World Economic Outlook Database"………IMF（国際通貨基金）の世界経済予測が示される
ことで知られている。政府債務残高対 GDP 比を国際比較する場合に用いられるデータベースと
しても知られる。IMF は OECD（経済協力開発機構）に加盟する主要国数よりも多くの国が加盟
しており，途上国以外で特にカバーする範囲の広いデータベースが世界中で利用されている。課
題 3 で扱う。

上記以外に社会保障制度上の年金基金や組合が全国に多数存在する。そうした個別の財務諸表を
集計するのは厚生労働省の統計の一部，経済センサス - 活動調査，民間非営利実態調査が挙げられ
るが，あまり使い勝手がよくないため，一般的にはあまり分析されていない。

一般的に予算と収支は異なり，予算は大まかな計画段階での見込み額で，収支は結果として実際
に入ってきた収入と支出である。政策判断として収支がより重要となるが，予算は速報性があるが，
収支は集計に時間がかかるため，公表に時間がかかる。課題 2 で少子高齢化・人口減少によって社
会保障費が政府予算を圧迫している状況を理解する。

課題 ― 1 社会保障給付費の増加要因

図表 13-1 の C～F 列は社会保障に関する政府予算の推移を示している。予算の社会保障
費の合計（G 列）を計算し，社会保障費の内訳（H～K 列）と社会保障予算合計の対 GDP 比（M
列）を計算しなさい。介護保険は 2000 年にスタートしたため，1999 年までゼロである。

図表 13-1 政府の一般会計予算額の推移（「課題 1」シート）

	A	B	C	D	E	F	G	H	I	J	K	L	M
1													
2	年度	年度	社会保障内訳(億円)					社会保障内訳(%)				(億円)	(%)
3			医療	年金	介護	福祉その他	計	医療	年金	介護	福祉その他	国内総生産	対GDP比
4	6	1994	58,572	42,633		33,611	134,816	43.4%	31.6%		24.9%	5027512	2.68
5	7	1995	62,017	41,879		35,348	139,244	44.5%	30.1%		25.4%	5162017	2.70
6	8	1996	64,242	41,286		37,351	142,879	45.0%	28.9%		26.1%	5288425	2.70
7	9	1997	65,785	41,517		38,199	145,501	45.2%	28.5%		26.3%	5333934	2.73
8	10	1998	68,632	42,455		37,344	148,431	46.2%	28.6%		25.2%	5260040	2.82
9	11	1999	72,353	50,390		38,207	160,950	45.0%	31.3%		23.7%	5219238	3.08
10	12	2000	67,956	51,529	12,589	35,592	167,666	40.5%	30.7%	7.5%	21.2%	5284466	3.17

▶データの入手方法

第 13 講の課題，演習問題はダウンロードデータを利用する（p.31 参照）。「課題 1」シート
は，社会保障給付費データを国立社会保障・人口問題研究所の Web ページからダウンロー
ドしたものである。【国立社会保障・人口問題研究所】トップページ → 【社会保障統計年
報】→【社会保障統計年報データベース】→【第 1 節 社会保障給付及び再配分効果】の
【第 1 表】及び【第 8 表】

◆合計を計算し，医療，年金，介護，福祉その他の構成比を求める。　　　　⋯⋯⋯⋯⋯⋯⋯⋯⋯⋯⋯

❶　「課題1」シートを開く。ウィンドウ枠を固定する。C4にカーソルを置き，［表示］タブ-
［ウィンドウ］グループ-［ウィンドウ枠の固定］-［ウィンドウ枠の固定］をクリックする。

❷　G4にカーソルを置き，［ホーム］タブ-［編集］グループ-［オートSUM］-［合計］をク
リックし，「＝SUM(C4:F4)」としてOKボタンを押す。G4をコピーし，G5:G28に数式を
貼り付ける。

❸　H4にカーソルを置き，「＝C4/\$G4」と入力し，セルH4をコピーしてH5:K28まで数式
をコピーする(H4:H28の数値の書式はパーセンテージで小数1桁まで表示)。その際J4:J9
まで入力値はないので，Deleteキーで入力値を消す。

❹　M4にカーソルを置き，「＝G4/L4＊100」と入力する。M4をコピーしてM5:M28に数式
を貼り付ける。

　以上の操作で，M列の社会保障予算のGDP比がこれまで一貫して増加していることを確かめ
られる。政府予算に占める社会保障費の増加の原因としていずれの項目も徐々に増加しているこ
ともわかる。

13-2 　国民負担率と中央政府の税・収入

　中央政府は，主に税を集めて自ら支出するだけでなく，地方交付税や補助金を通じて，地方に財
源を配分する役割を担っている。ここでは，中央政府の財源の内訳を見て，所得税，法人税，消費
税という3つの税が特に重要な役割を果たしている現状を最初に学ぶ。次に中央政府と地方政府の
債務の時系列データを積み上げ棒グラフに加工して状況を学ぶ。

課題 ❷　国民負担率と国税収入の推移

　「課題2」シートでC列とD列を足し合わせ，B列国民負担率を計算しなさい。次にG-J
列の国税主要3税の情報に基づいて，K-L列の内訳を計算しなさい。

　シートが埋まったら，B列国民負担率とK-N列の国税を選び，積み上げ棒グラフとマー
カー付き折れ線の複合グラフを作成しなさい。国民負担率は第2軸で表示する。

図表13-2　「課題2」シート

	A	B	C	D	E	F	G	H	I	J	K	L	M	N
1	年度			%		年度				百万円				%
2		国民負担率	租税負担	社会保障負担			所得税	法人税	消費税	国税合計	所得税	法人税	消費税	国税合計
3	1955	22.2	18.9	3.3		2007	16080043	14744398	10271861	51018246	31.5%	28.9%	20.1%	100.0%
4	60	22.4	18.9	3.6		2008	14985074	10010600	9968893	44267304	33.9%	22.6%	22.5%	100.0%
5	65	23.0	18.0	5.0		2009	12913887	6356407	9807541	38733076	33.3%	16.4%	25.3%	100.0%
6	70	24.3	18.9	5.4		2010	12984351	8967688	10033311	41486794	31.3%	21.6%	24.2%	100.0%
7	75	25.7	18.3	7.5		2011	13476192	9351426	10194597	42832602	31.5%	21.8%	23.8%	100.0%

出所：国立社会保障・人口問題研究所「社会保障統計年報」，財務省「国民負担率」，国税庁「税務統計」

図表 13-3　国税収入と国民負担率の推移

操作手順

◆**国民負担率と国税主要3税の内訳を計算する。** ……………………………………………

❶　「課題2」シートを開く。ウィンドウ枠を固定する。B3にカーソルを置き，[表示]タブ-
　［ウィンドウ］グループ-［ウィンドウ枠の固定］-［ウィンドウ枠の固定］をクリックする。

❷　B3に「＝C3＋D3」と数式を入力して Enter キーを押す。B3をコピーし，B4:B46に数
　式を貼り付ける。

❸　K3に「＝G3/$J3」と入力し，K3:N13まで数式を貼り付ける。

（K3:N13の数値の書式をパーセンテージで小数1桁にセットしておく）

◆**国税の推移と国民負担率による複合グラフ** ……………………………………………

❶　「課題2」シートに戻り，B35：46を選択し， Ctrl キーを押して K3:N13を選択して，［挿
　入］タブ-［グラフ］グループ-［縦棒/横棒グラフの挿入］-「2-D 縦棒」の［積み上げ縦
　棒］をクリックする。

❷　［デザイン］タブ-［データ］グループ-［データの選択］をクリックし，横軸ラベルの［編
　集］ボタンをクリックし，「課題2」シートのF3:F13を選んで［OK］を2回クリックする。

❸　［デザイン］タブ-「グラフのレイアウト」グループ-［クイックレイアウト］-［レイアウ
　ト3］を選ぶ。

❹　［デザイン］タブ-［グラフスタイル］グループ-［色の変更］-「カラフル」から［カラフ
　ルなパレット4］を選ぶ。

❺　［デザイン］タブ-［場所］グループ-［グラフの移動］をクリックし，新しいシートを
　「図表13-3」と名付けてグラフを新しいシートに移動する。

❻　できたグラフの棒グラフ上で右クリックし，［系列グラフの種類の変更］をクリックし，
　「国税合計」と「国民負担率」のグラフを「マーカー付き折れ線」とし，国民負担率の第2

軸にチェックを入れて［OK］をクリックする。

❼ 図表13-3を参考に縦軸横軸にラベルを入れて様式を整え，フォントを黒にし，グラフエリアのフォントサイズを拡大する。

課題 ③ IMFデータベースのダウンロード

IMF の World Economic Outlook Database の Web ページにアクセスし，General government gross debt Percent of GDP の 2005 年からの時系列データをダウンロードしなさい。

（https://www.imf.org/en/Publications/SPROLLs/world-economic-outlook-databases）

さらにダウンロードしたデータに基づき，G7 の政府債務残高対 GDP 比をマーカー付き折れ線で比較しなさい。

図表13-4　IMF の Web ページからダウンロードした「課題3」シート（一部省略）

	A	B	C	D	E	F	G	H
1	Country	Subject D	Units	Scale	Country/S	2005	2006	2007
2	Canada	General g	Percent of GDP		See notes	70.641	69.921	66.861
3	France	General g	Percent of GDP		See notes	67.382	64.611	64.537
4	Germany	General g	Percent of GDP		See notes	67.36	66.72	64.012
5	Italy	General g	Percent of GDP		See notes	101.943	102.557	99.792
6	Japan	General g	Percent of GDP		See notes	176.783	176.385	175.426
7	United Kir	General g	Percent of GDP		See notes	39.79	40.71	41.744
8	United Sta	General g	Percent of GDP		See notes	65.435	64.167	64.636
9								
10	International Monetary Fund, World Economic Outlook Database, October 2019							

出所：IMF「World Economic Outlook Database」

図表13-5　G7 諸国の政府債務残高対 GDP 比

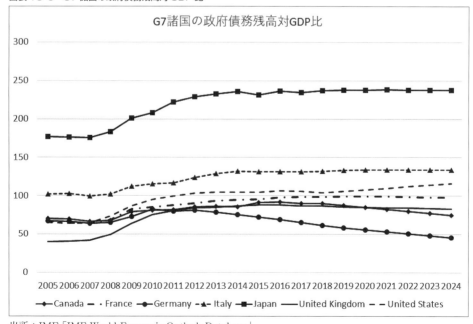

出所：IMF「IMF World Economic Outlook Database」

◆ IMF データベースのダウンロード ……………………………………………………………………

❶ アドレスバーに「IMF World Economic Outlook Databases」と打ち込み，同データベースをクリックする。データベースは定期的に配信されていて，少し前のデータベースの方が利用できるデータの種類が多い。この講では 2019 年 10 月のバージョンを使用している。

❷ ［Download WEO Data］の項目にある［By Countries(country-level data)］－［Major advanced economies(G7)］で Select all を選び，Continue を選ぶ。次の画面で［General government gross debt Percent of GDP］にチェックを入れ，Continue を選び，2005 年からデータを選んでそのまま［Prepare Report］を押すと Excel データが示される。

❸ ダウンロードしたデータは WEO_Data を開き，「WEO_Data」シート名の上で右クリックし，「移動またはコピー」をクリックする。次の画面で「移動ブック名」の下矢印ボタンを押して課題ファイル名「第 13 講」を選び，OK ボタンを押して課題シートを挿入する。

❹ シート名「WEO_Data」上で右クリックし，「名前の変更」で「課題 3」にシート名を変更する。

図表 13-6 IMF データベース

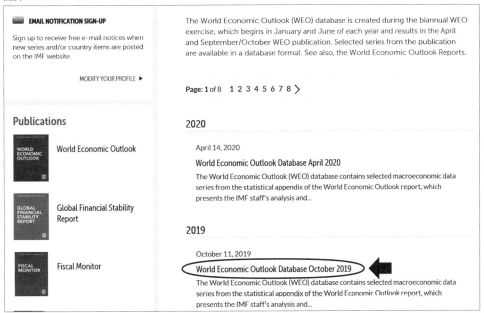

❶　先に作成した「課題3」シートで Ctrl キーを押して，A2：A8 と F2：Y8 を選択し，［挿入］タブ-［グラフ］グループ-［折れ線/面グラフの挿入］-［マーカー付き折れ線］をクリックする。

❷　グラフタイトルに「G7 諸国の政府債務残高対 GDP 比」と記入する。

❸　グラフエリアのフォントを黒にし，フォントサイズを若干拡大するなど多少見やすく様式を整える（図表 13-5 参照）。

　グラフを見れば，日本の債務が突出して多いことがよくわかる。経済規模に対し，政府債務が多いことはすでに収支バランスが崩れて異常な状態であることを示している。戦争状態が続くといった国家の非常事態でもない平時にこうした状況が続くことはいざというときに政府支出を行うことができない制約につながり，今後が懸念される。

13-3　政府財政統計を利用した政府の部門別収支の捕捉

　先に見てきたデータは基本的に個別の政府や機関を別々に集計したもので，政府や社会保障制度全体を体系的に捉えることができなければ，先に見てきた政府の債務の問題ひとつにしても正確に分析することはできない。政府を体系的に捉えるとはどういうことなのか。例えば，民営化されたJR 各社や，郵便局は政府といえるのか，政府はいくつの分類に分けるのが妥当なのかなど，実は"政府" とひと言でいっても集計上多くの問題がある。また先に見てきた政府のデータの多くは，予算から抜き出したデータである。予算は当初計画で立案されたもので，年度末になると余ったり，足りなかったりするので，予算内では組み換えが発生する。つまり，予算は実際の支出と異なる。政府を体系的に捉えて分析するためには，政府の範囲と集計分類を明確化し，実際に支出を行った金額を集計分類別に公表する必要がある。

　そこでこうした問題に対して，2つのアプローチが有効となる。一つは国民経済計算（SNA）で政府の範囲を決めることとし，財政を体系的に捉えられるようなフレームが整備されている。2つ目は政府財政統計（GFS, Government Finance Statistics）の活用である。SNA において政府は「一般政府」と呼ばれ，一般政府は中央政府，地方政府，社会保障基金の3つに分類される。

図表 13-7　政府の分類

政府サービス生産者			産業		
一般政府			公的企業		
中央政府	地方政府	社会保障基金	非金融	金融	民間産業扱い

　政府財政を体系的に捉えるためには，政府の範囲が決まるだけでは不十分で，政府財政を収入と支出の機能別に分解して体系的に分析可能なフレームも必要となる。少子高齢化，人口減少によって先進国では年々社会保障支出が増加してきている。そのため，将来の影響を見越すためには政府財政の分析をより容易にするフレームを整えておく必要がある。IMF は GFS を政府財政の透明化に役立てることとし，専門家の討議を経て 2001 年に各国に GFS の改訂版を提示し，それを機に主

要国は積極的に導入し始めた。日本の GFS は，内閣府が国民経済計算年報の中で整備することとなっていて，GFS での最新の国際基準は「GFS2014」となっている。課題 4 と演習問題では GFS に基づく長期時系列データに基づく分析を行う。

13–4 | フローとストック

　統計データで**フロー**と**ストック**がある。ある期間内に記録された数値はフローで，ストックは残高のことを指す。例えば，お風呂にお湯を溜めるとしよう。お風呂に溜まっていく水の合計が 200 リットルだとしたら，その 200 リットルはストックである。蛇口から 1 分間に 30 リットル注ぐことができるとすると，その 30 リットルがフローとなる。

　生産額，国内総生産(GDP)，売上，経常利益，費用，ストックの変動(評価額の変化：土地の値上がり，株の値下がり)といった概念はフローとなる。固定資産残高，金融資産，負債はストックとなる。新型コロナウイルスであれば，本日一日で新たに増えた感染者数がフローで，累計がストックとなる。高校時代に大変よく勉強した知識はストックで，大学生になってから 1 年間で学ぶ学力はフローとなる。ぜひストックを気にせず，フローを最大化してもらいたい。

13–5 | 対数グラフ

　課題 4 では対数グラフを利用する。長期時系列の人口データ，短期間に増加する感染症の患者のように幾何級数的に急増するようなデータを目にすることがある。こうしたデータの場合，横軸に対して，縦軸はあまりにも急増する数値と急増前のゼロ近傍の数値の差が大きすぎて，図の利用が有効ではない。そこで，縦軸の数値 y に対数をとって $\log_{10} y$ のように変換して図に表記したり，その対数と横軸 x の単回帰をとることもある。幾何級数的に増加する変数は対数をとった場合にきれいな直線に当てはまることがある。

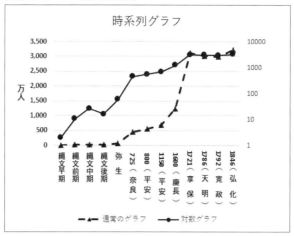

図表 13-8　日本の総人口の推移

出所：鬼頭宏『人口から読む日本の歴史』講談社，2000 年，国立社会保障・人口問題研究所「人口統計資料集」より引用

　図表 13-8 は日本の総人口推計値の推移を時代ごとにまとめたものである。縄文時代の初めごろは人口 2 万人であったのが，ペリー来航の前の江戸時代後期には 3 千万人以上に増えた。増えた時期は主に平安時代から江戸時代に入ったばかりの 1721 年にかけてであったとされる。データが急増して縦軸の時期による差が大きくなると，せっかく時系列でグラフにしてもある時期まで X 軸に水平ギリギリでいることになり，今一つ時系列の比較にならない。そういう場合，縦軸で対数をとってやると，グラフが緩やかに増加し，見やすくなる。対数グラフは極端な範囲のデータを扱う場合に利用する。片方だけ対数にしたグラフは片対数グラフという（この講では両対数グラフの説明は省く）。$y = a^{bx+c}$ という指数関数で両辺の底を 10 とした対数をとると，以下の式になる。

$$\log_{10} a = bx \log_{10} a + c \log_{10} a$$

　つまり，横軸を通常の目盛とし，縦軸だけを対数とすると傾き $b \log a$，定数項 $c \log a$ の一次関数となる。幾何級数的に増える数値は対数グラフにすると，直線増加になり，単回帰で当てはまりを見ることもできる。子孫を急速に増やす生物の個体数の推計や感染症の患者が急増するようなケースでも対数グラフは用いられる。最近では新型コロナウイルス感染者数と収束状況を見るために日付を横軸と爆発的に増加する感染者数の対数を縦軸に取った片対数グラフが使われることもあった。

　日本の中央政府の国債発行は，年々増加し，幾何級数的な増加を続けている。上記のように対数グラフや単回帰の当てはまりがよく，右上がりになっていれば年々財政問題が深刻化している恐れがある。課題 4 でそうした状況を見ていくことにしよう。

「課題 4」シートは一般政府の内訳について 5 年分の収支をまとめたデータである。一般政府の主に収入のデータから図表 13-9 を作成しなさい。

図表 13-9　一般政府部門純業務収支(単位：10 億円)

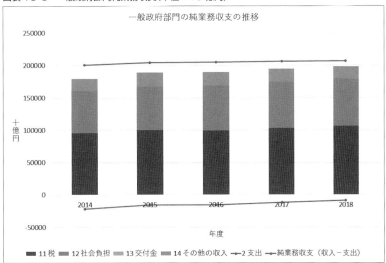

図表 13-10　対数グラフの事例

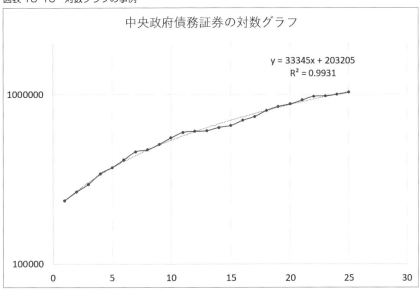

▶データの入手方法　「課題 4」シートは，国民経済計算年次推計のデータを Web ページからダウンロードしたものである。【国民経済計算】トップページ →【国民経済計算年次推計】→【統計表一覧】→【フロー編(付表)】の【(6-2)一般政府の部門別勘定(GFS)】

◆**純業務収支，総業務収支の計算** ･･

❶ 「課題 4」シートに行き，3, 9, 19, 20 行目を B 列の計算方法に従って計算する。C3 に「＝ SUM(C4:C7)」と入力し，Enter キーを押す。C3 をコピーして D3:AA3 に数式を貼り付ける。

❷ 同様に A9 に「＝SUM(C10:C17)」と入力し，Enter キーを押す。C9 をコピーして D9: AA9 に数式を貼り付ける。

❸ 3 行目と 9 行目と同じように 19 行目と 20 行目についても計算式通り，計算する。C19 に 「＝C3－C9」と入力し，Enter キーを押す。C19 をコピーして D19:AA19 に数式を貼り付ける。C20 に「＝C3－C9＋C12」と入力し，Enter キーを押す。C20 をコピーして D20: AA20 に数式を貼り付ける。

◆**図表 13-10 による中央政府の収支の把握** ･･

❶ 「課題 4」シートの C 列～G 列までが一般政府のデータである。項目で見ると，「1 収入」 の 11～14 と「2 支出」，「純業務収支」のデータを選ぶ。Ctrl キーを押しながら，A4:A7, C4:G7, A9, C9:G9, A19, C19:G19 を選択し，［挿入］タブ－［グラフ］グループ－［縦棒/横棒 グラフの挿入］－「2-D 縦棒」の［積み上げ縦棒］をクリックする。

❷ ［デザイン］タブ－［データ］グループ－［行/列の切り替え］をクリックする。

❸ ［デザイン］タブ－［データ］グループ－［データの選択］をクリックし，横軸ラベルの ［編集］ボタンをクリックし，「課題2」シートの C1:G1 を選んで［OK］を 2 回クリックする。

❹ グラフ棒グラフ上で右クリックし，［系列グラフの種類の変更］で支出と純業務収支の 2 系列を「マーカー付き折れ線」に変更する。

❺ グラフタイトルを「一般政府部門の純業務収支の推移」とする。グラフエリアのフォント を黒とし，フォントサイズを拡大するなど様式を整える。

◆**政府債務対数グラフ** ･･

「演習」シートは一般政府の内訳ごとに，金融資産・負債の取引と残高をまとめたものである。 基本的に後述する演習問題の作業で利用するが，ここでは対数グラフの作成だけは「演習」シー トを利用することにする。国の国債は金融統計上，中央政府の債務証券に分類される。この数値 が年々急速に増えており，対数をとってグラフにした場合に直線となる場合は幾何級数的な増加 となっていることが確かめられる。

❶ ［挿入］タブ－［グラフ］グループ－［散布図(X, Y)またはバブルチャートの挿入］－［散 布図(平滑線とマーカー)］を選ぶ。［デザ イン］タブ－［データ］グループ－［データ の選択］をクリックし，「凡例項目」の 「系列 1」の［編集］を選び，系列 X の値 に「BY79:CW79」，系列 Y の値に 「BY87:CW87」を選択し，［OK］を 2 回 クリックする。対数の底は 10 とする場合 とネイピア指数 e とする場合があり，目的

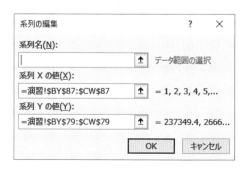

に応じて使い分ける。詳しくは経済数学で学ぶ必要がある。今回の底は 10 にしている。

❷ 縦軸の上で右クリックして，［軸の書式設定］−［軸のオプション］から［対数目盛を表示する］にチェックを入れ，最小値を 100000，最大値を 2.0E6 にセットする。

❸ グラフの線の上で，右クリックして，［近似曲線の追加］−［線形近似］を選び，［グラフに数式を表示する］と［グラフに R−2 乗値を表示する］にチェックを入れる。

❹ グラフタイトル「中央政府債務証券の対数グラフ」を入れ，グラフエリアのフォントを黒としてフォントサイズを拡大し，見やすくする。グラフから債務証券の指数関数的増加が止まっていないことがよくわかる。傾きが緩やかになっているのは 2012 年から円安やインバウンドといった経済状態がよい時期が続き，政権が財政赤字の削減に努めてきた成果が表れている。あまり知られていない事実として，2012 年から続く安倍内閣はこれまでの歴代政権の中でもメディアにわからない水面下でのへそくりのような貯蓄が最も上手である。「政府財政統計」や「資金循環統計」を利用すると，そうした事実が浮かび上がる。次の演習問題の図表 13-11 はそうした実例である。

演習問題

1. 「課題 4」シートで，一般政府，社会保障基金，地方政府，中央政府について純業務収支の推移を折れ線グラフにまとめ，比較しなさい。

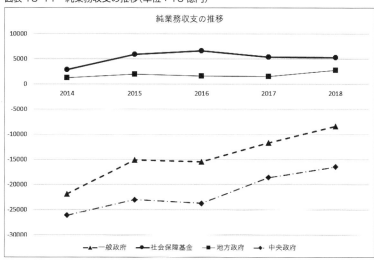

図表 13-11　純業務収支の推移（単位：10 億円）

2. 「演習」シートは一般政府の内訳について金融取引，金融資産・負債を長期時系列でまとめたデータである。一般政府部門の金融資産と負債残高を別々に積み上げ縦棒グラフにまとめなさい。いずれも様式は見やすくなっていればよい。

3. この講の課題ファイルを総合すると，中央政府の債務証券の増加はどのように生じて，何が問題と言えるだろうか？　新しいシートを挿入し，テキストボックスを任意に設定して 1000 字以内でデータや図表に基づいて説明しなさい。

第**14**講 波及効果を測定する

14−1 産業連関表

14-1-1 産業連関表とは

　産業連関表は,1国あるいは1つの地域の経済構造を総体的に明らかにした加工統計であり,一定期間(通常1年間)において,財・サービスが各産業部門間でどのように生産され,販売されたかについて,行列(マトリックス)の形で一覧表にとりまとめたものである。

　日本では,全国を対象として10府省庁の共同作業として作成されている産業連関表(全国表),都道府県が作成している産業連関表などが5年ごとに推計されている。

14-1-2 産業連関表の入手

　全国表は総務省の Web ページで公表されている。全国表の入手は以下の手順で行う。
　① e-Stat にアクセス(https://www.e-stat.go.jp/)する。
　② 【統計データを探す】の「キーワード検索」に,「産業連関表」と入力し,検索ボタンをクリックする。
　③ 「産業連関表」をクリックする。
　④ 「平成27年(2015年)産業連関表」のファイルをクリックする。
　⑤ 「−[111件]」をクリックする([　]内の数字は掲載されている統計表の数)。
　⑥ 必要な Excel ファイルをダウンロードする。

　産業連関表には,取引基本表や投入係数表,逆行列係数表,付帯表などがある。取引基本表,投入係数表,逆行列係数表については p.147 の 14-2 以降で解説する。

14-1-3 産業連関表の見方

　産業連関表は図のような構造をしている。表のタテ(中間消費)とヨコ(中間投入)にあるものは産業連関表を構成する部門である。タテ(列部門)はアクティビティ (生産活動)単位,ヨコ(行部門)には生産物単位の部門がそれぞれ並んでいる。この表では,行方向において,商品がどの商品の生

産に使用されたのか(中間消費)，最終段階でどう使用されたか(最終需要)を示しており，列方向において，商品の生産にどの商品を使用したのかを示している。行部門(ヨコ)は，商品の販路構成を表す部門であることから，原則として商品により分類，一方，列部門(タテ)は，生産活動ごとの費用構成を表すものであることから，原則として「生産活動単位」(アクティビティ・ベース)により分類されている。産業連関表は，商品(行)×アクティビティ(列)の表なのである。

産業連関表の概念図

需要部門		中間消費			最終需要					国内生産額
供給部門		農林漁業	鉱業	飲食料品	最終消費支出	国内総固定資本形成	在庫純増	輸出		
中間投入	農林漁業 鉱業 飲食料品									
付加価値	雇用者所得 営業余剰									
国内生産額										

飲食料品がどの部門で販売されたか。

飲食料品がどのような材料で生産されたか。

14-2 取引基本表・投入係数表・逆行列係数表

　産業連関表としては，おもに取引基本表，投入係数表，逆行列係数表の3表がある。これらがどのようなことを示す表であるかをはじめに解説する。

　取引基本表は行部門である商品，列部門であるアクティビティの関係を金額ベースで表している。例として，図表14-1のような「農業」，「製造業」，「サービス」の三部門からなる経済を考えてみよう。はじめにヨコ(行)方向に見ると，農業生産物は，農業部門で34，製造業で52，サービス業で84だけ産出されていることが示されている。さらに，最終消費支出に130，国内総固定資本形成に20，輸出に30だけ最終需要され，38だけ輸入がある。したがって，国内での総生産額は312となる。製造業生産物，サービス業生産物も同様である。

　一方，タテ(列)方向に見ると，農業では，農業生産物を34，製造業生産物を113，サービス業生産物を73だけ投入して生産を行い，税・補助金が5だけあって，付加価値を87だけ生み出していることを示している。製造業，サービス業も同様である。

　このように，どのような生産物がどの部門で産出され最終需要があるのかということと，どの部門でどのような生産物が投入され付加価値がもたらされているかということを金額で示している。

図表 14-1

	農業	製造業	サービス業	最終消費支出	国内総固定資本形成	輸出	輸入	国内総生産額
農業	34	52	84	130	20	30	−38	312
製造業	113	112	19	136	100	60	−46	494
サービス業	73	114	43	290	60	30	−1	609
税・補助金	5	5	11					
付加価値	87	211	452					
国内総生産額	312	494	609					

　次に，投入係数表とは，それぞれの部門で投入されている生産物の割合を示した表である。農業部門において，農業生産物は国内生産額 312 のうち 32 だけ投入されているので，

$$\frac{32}{312} \fallingdotseq 0.11$$

となる。これを投入係数という。この投入係数を示しているのが投入係数表である。

　一般的に以下の表のような記号で産業連関表を表すと，投入係数はそれぞれ次のような式で表される。

$$投入係数 \quad a_{ij} = \frac{x_{ij}}{X_j}$$

ただし，$i = 1, 2, 3$，$j = 1, 2, 3$ である。

取引基本表

	部門 A	部門 B	部門 C	最終需要	国内生産額
部門 A	x_{11}	x_{12}	x_{13}	F_1	X_1
部門 B	x_{21}	x_{22}	x_{23}	F_2	X_2
部門 C	x_{31}	x_{32}	x_{33}	F_3	X_3
付加価値	V_1	V_2	V_3		
国内生産額	X_1	X_2	X_3		

投入係数表

	部門 A	部門 B	部門 C
部門 A	a_{11}	a_{12}	a_{13}
部門 B	a_{21}	a_{22}	a_{23}
部門 C	a_{31}	a_{32}	a_{33}

　そして，逆行列係数表とは，ある部門において新たな最終需要が一単位発生した場合に，中間投入される生産物を通して，各部門の生産がどれだけ増加するかを示す係数表である。

　逆行列係数表は，以下のように求めることができる。投入係数行列を A，国内生産額行列を X，最終需要行列を F とおくと次の関係が成り立つ。

$$AX + F = X$$

　投入係数行列に国内生産額行列を乗じたものは中間需要を示し，それに最終需要行列を加えたものは国内生産額に等しくなる。この式を書き換えると，

$$X = (1 - A)^{-1} F$$

となる。この式における$(1-A)^{-1}$をレオンチェフの逆行列という。この逆行列を示したのが逆行列係数表である。

記号で示した産業連関表から次の関係が成り立つことを示すことができる。

$$x_{11} + x_{12} + F_1 = X_1$$
$$x_{21} + x_{22} + F_2 = X_2$$

$x_{ij} = a_{ij}X_j$ であるから，

$$a_{11}X_1 + a_{12}X_2 + F_1 = X_1$$
$$a_{21}X_1 + a_{22}X_2 + F_2 = X_2$$

これを解くと，

$$X_1 = \frac{1-a_{22}}{(1-a_{11})(1-a_{22}) - a_{12}a_{21}} F_1 + \frac{a_{12}}{(1-a_{11})(1-a_{22}) - a_{12}a_{21}} F_2$$

$$X_2 = \frac{a_{21}}{(1-a_{11})(1-a_{22}) - a_{12}a_{21}} F_1 + \frac{1-a_{11}}{(1-a_{11})(1-a_{22}) - a_{12}a_{21}} F_2$$

F_1，F_2 の係数が$(1-A)^{-1}$に相当する。このようにして，逆行列係数表は求められる。

課題 ❶

ダウンロードデータ(p.31参照)の産業連関表から投入係数表と逆行列係数表を求めなさい。

	A	B	C	D	E	F	G	H	I
1	取引基本表								
2		農業	製造業	サービス業	最終消費支出	資本形成	輸出	輸入	国内総生産額
3	農業	8	170	80	25	10	15	-100	208
4	製造業	40	250	20	130	140	120	-30	670
5	サービス業	60	90	180	200	60	30	-10	610
6	税・補助金	20	5	10					
7	付加価値	80	155	320					
8	国内総生産額	208	670	610					

操作手順

◆投入係数

❶ 列ごとに各セルの値を国内生産額で除する。B12に「＝B3/B$8」を入力する。

❷ B12をB12:D14にコピーする。

	A	B	C	D
10	投入係数表(A)			
11		農業	製造業	サービス業
12	農業	=B3/B$8		
13	製造業			
14	サービス業			

◆逆行列係数 ....

❶ 単位行列を作成する。単位行列とは，対角線上の要素が 1 で，その他の要素がすべて 0 の
正方行列である。対角線上に 1 をその他のセルには 0 を入力する。

	A	B	C	D
16	単位行列			
17		農業	製造業	サービス業
18	農業	1	0	0
19	製造業	0	1	0
20	サービス業	0	0	1

❷ 単位行列から投入係数表を差し引く。B24 に「＝B18－B12」を入力する。

❸ B24 を B24：D26 にコピーする。

	A	B	C	D
22	1-A			
23		農業	製造業	サービス業
24	農業	=B18-B12		
25	製造業			
26	サービス業			

❹ B30：D32 を反転させる。

❺ MINVERSE 関数を利用する。［数式］タブ［関数ライブラリ］グループの［数学／三角］
の中から "MINVERSE" を選択する。

❻ 配列に B24：D26 を選択する。

❼ Shift キーと Ctrl キーを同時に押しながら Enter キーを押す。

	A	B	C	D
28	逆行列係数表			
29		農業	製造業	サービス業
30	農業	1.23	0.55	0.25
31	製造業	0.41	1.79	0.16
32	サービス業	0.58	0.57	1.55

14–3 | 産業連関分析

産業連関表はさまざまな分析に利用される。もっとも多い利用は，経済波及効果分析である。投入係数や逆行列係数などの各種の係数を使って，公共投資などの施策が各産業にどのような波及効果をもたらすかを測定する資料として使われる。

経済波及効果とは，最終需要が増加したとき，生産額がどれだけ増加するかというものである。分析によっては，付加価値，雇用数が目的となる場合があるが，一般的に生産額が指標となっている。

ある産業 A で新規需要1兆円が発生したとする。そのとき，当然，産業 A では1兆円だけ生産が増加する（直接効果）。産業 A が生産を増加させるためには原材料の投入を増加させる必要がある。したがって，産業 A の生産で使用される原材料の需要が増加し，それぞれの産業で生産が増加する（間接効果）。その生産の増加に伴ってその原材料の需要が増加し，さらに生産が増加する。この生産の増加の総和が最終需要増加による経済波及効果（生産誘発額）である。

実際の計算はどのように行われるのか。産業 A の新規需要による生産の増加に伴って，投入係数を介して原材料の生産が増加する波及効果が生じる。その大きさの総和が逆行列係数に相当する。それを表しているのが，次の式である。

$$X = (1 - A)^{-1} F$$

最終需要 F に逆行列係数 $(1 - A)^{-1}$ を乗じて生産誘発額が算出される。このように逆行列係数を利用することで新たな最終需要の増加が最終的にどの程度生産額を増加させるかを計算するができる。これによって，さまざまな政策やイベントの実施などの経済波及効果分析を行うことができるのである。

14–4 | 産業連関分析の実際

課題 2

埼玉県産業連関表(13 部門生産者価格評価表)をダウンロードして以下の問題に解答しなさい。
① 投入係数表を作成しなさい。
② 逆行列係数表を作成しなさい。
③ 建設部門で最終需要が 10 億円増加した場合の生産誘発額を求めなさい。

操作手順

◆生産者価格評価表をダウンロードする。 ....
❶ 埼玉県ホームページ(https://www.pref.saitama.lg.jp/)から「県政情報・統計」→ 県政・統計の統計から「経済全般」→「埼玉県産業連関表」を順番にクリックする。

（https://www.pref.saitama.lg.jp/a0206/a152/index.html#io_date）

❷ 統計表の中から最新の埼玉県産業連関表をクリックし統計表一覧から「13 部門・生産者価格評価表」をダウンロードする。以下の操作は平成 23 年産業連関表の例である。

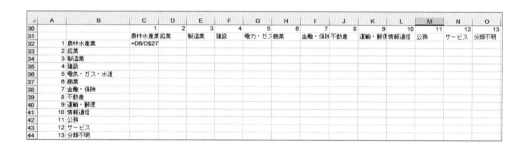

◆投入係数表を作成する。

❶ 投入係数表の枠組みを作成する。A5:B17 を A32:B44 にコピーする。C3:O4 を C30:O31 にコピーする。

❷ 投入係数は各投入額を県内生産額で除したものである。各セルを当該列部門の県内生産額で除する。C32 に「＝D6/D$27」と入力する。D32 を D32:P44 にコピーする。

◆逆行列係数表を作成する。

❶ 単位行列を作成する（対角線上の要素がすべて 1 でその他は 0 の正方行列）。B47 に「1」を入力する。C48 に「＝C47＋0」を入力する。C48 を D48:O48 にコピーする。C48:O48 を C49:O60 にコピーする。

	A	B	C
47		1	
48			= C47+0

❷ 単位行列から投入係数表を差し引く。C64 に「＝C48－C32」を入力し，C64:O76 にコピーする。

❸ ❷の行列から逆行列を求める。MINVERSE 関数を利用する。求める行列の範囲 C80:O92 を反転させて，［数式］タブの［関数ライブラリ］グループ［数学／三角］から "MINVERSE" を選択する。配列には C64:O76 を入力し，Shift キーと Ctrl キーを押しながら Enter キーを押す。

◆経済波及効果を求める。　⋯⋯⋯⋯⋯⋯⋯⋯⋯⋯⋯⋯⋯⋯⋯⋯⋯⋯⋯⋯⋯⋯⋯⋯⋯

❶　新しいシートの B2 に逆行列係数表をコピーする。

❷　建設業の最終需要が 10 億円増加したとする。建設業に「1000」と入力する。

❸　経済波及効果を計算するため，逆行列係数表に最終需要額を乗じる。F19:F31 を反転させ，［数式］タブの［関数ライブラリ］グループの［数学／三角］の "MMULT" を選択する。配列 1 に逆行列係数 C4:O16，配列 2 に最終需要 C19:C31 を入力し，Shift キーと Ctrl キーを押しながら Enter キーを押す。

14-5 産業連関分析上の留意点

　産業連関分析を行う際には，直近の産業連関表を利用することになるが，産業連関表は 5 年ごとに作成されるため，分析対象年次と作表年次が異なることになる。したがって，分析対象年次と作表年次の間において投入係数に大きな変化がないという前提が重要である。投入係数が安定していなければ，最終需要と国内生産額との間に一定の関係を求めることができない。投入係数の安定性には次のような前提が置かれている。

① 生産技術が安定していること

　投入係数とは生産技術が反映されたものであり，生産技術の変化は投入係数の変化を意味する。投入係数が安定的であるためには生産技術に大きな変化がないことを前提とする。一般的に短期間で技術変化が生じるとは考えにくいが，成長産業などの場合，作表時とは技術が変化していることもあり得る。

② 生産規模が変化していないこと

　各部門において，生産規模の異なる企業，事業所から構成されているが，同一の商品を生産していても，それぞれの生産規模が異なると，生産技術の相違，規模の経済性から投入係数も異なると考えられる。部門内の企業，事業所の生産規模に変化が生じると投入係数が変化する。したがって，部門内の企業，事業所の生産規模に大きな変化がないことが前提となる。

③ 相対価格が変化しないこと

　産業連関表の取引金額は作表年次の価格によって評価されているため，商品の相対価格が変化すると投入係数が変化することになる。

④ 部門内の商品構成に変化がないこと

　同一の部門に投入構造や単価の異なる商品が複数格付けられていることをプロダクト・ミックスという。それぞれの商品の投入構造や単価に変化がなくとも商品構成が変化すれば，その部門全体の投入係数は変化する。

演習問題

　兵庫県でイベントが開催されて次のような最終需要が生じたとする。兵庫県産業連関表の産業連関分析ワークシートを利用して生産誘発額を求めなさい。

イベント開催による新規の最終需要額

	消費額(百万円)
宿泊費	6000
交通費	4000
お土産代	
農産物	400
菓子類	400
衣料品	400
その他工芸品	800

●本書の関連データが web サイトからダウンロードできます。

https://www.jikkyo.co.jp/download/ で

「経済系のための情報活用2」を検索してください。

提供データ：課題・演習データ

■編修・執筆

櫻本　健　　立教大学経済学部　准教授 ……………………………………… 5講，12講，13講

■執筆

藤野　裕　　富山短期大学　准教授 ……………………………………………… 1講，10講

小澤　康裕　　立教大学経済学部　准教授 ……………………………………… 2講，8講

一ノ瀬大輔　　立教大学経済学部　准教授 ……………………………………… 3講

安藤　道人　　立教大学経済学部　准教授 ……………………………………… 4講，6講

田浦　元　　広島経済大学メディアビジネス学部　教授 …………………… 7講，9講

倉田　知秋　　総務省政策統括官（統計基準担当）付統計審査官付主査 ……………… 11講，14講

●カバー・表紙──(株)エッジ・デザインオフィス

専門基礎ライブラリー　　　　　　　　　　　　　　2020 年 10 月 15 日　初版第 1 刷発行

経済系のための情報活用 2

Office 2019 対応
統計データの分析

●執筆者　　櫻本健(はか 6 名)

●発行者　　小田良次

●印刷所　　大日本法令印刷株式会社

●発行所　　実教出版株式会社

〒102-8377
東京都千代田区五番町 5 番地
電話　[営　　業]　(03)3238-7765
　　　[企画開発]　(03)3238-7751
　　　[総　　務]　(03)3238-7700
http://www.jikkyo.co.jp/

無断複写・転載を禁ず

ISBN 978-4-407-34827-9　C3033　　　　　　　　　　　　　Printed in Japan